王雪涛◎著

爱民情怀公仆心

AIMIN QINGHUAI GONGPUXIN

学习出版社

图书在版编目（CIP）数据

爱民情怀公仆心 / 王雪涛著.
-北京：学习出版社，2013.8
ISBN 978-7-5147-0143-2

Ⅰ.①爱… Ⅱ.①王… Ⅲ.①杨正超—先进事迹 Ⅳ.①K828.2

中国版本图书馆CIP数据核字(2013)第157826号

爱民情怀公仆心
AIMIN QINGHUAI GONGPUXIN
王雪涛 著

责任编辑：李 岩 关宵寅
技术编辑：王晓勇
整体设计：月亮工舍

出版发行：学习出版社
北京市崇外大街11号新成文化大厦B座11层（100062）
010-66063020 010-66061634
网 址：http://www.xuexiph.cn
经 销：新华书店
印 刷：北京联兴盛业印刷股份有限公司

开 本：710毫米×1000毫米 1/16
印 张：9
字 数：111千字
版次印次：2013年8月第1版 2013年8月第1次印刷

书 号：ISBN 978-7-5147-0143-2
定 价：22.00元

序言

XUYAN

杨正超同志是近年来纪检监察战线涌现出的先进典型，也是唯一一位连续两届“全国纪检监察系统先进工作者标兵”，现任中共周口市委常委、纪委书记。杨正超同志从事纪检监察工作十几年来，无论走到哪里，都始终不忘履行纪委书记的使命和天职。他公正无畏、敢于碰硬、惩治腐败、激浊扬清，做了大量卓有成效的工作，为党旗增了辉，为民解了难，为党分了忧，为国家挽回了损失。既惩处了腐败分子，又教育了广大干部，为社会稳定、经济发展营造了良好的外部环境，受到了上级领导和人民群众的肯定，被人民群众称为“党的忠诚卫士、百姓的贴心人”。杨正超同志赤胆忠心、秉公执纪、匡扶正义、亲民爱民的先进事迹经新闻媒体宣传报道后，在全国引起了热烈反响。现在，周口市纪委的办公室里，几十面鲜红的锦旗挂满了墙壁，“人民公仆、百姓青天”，“清廉勤政、关爱民生”，“一身浩然气、两袖清廉风”，“百姓父母官、人民好青天”……在每一面锦旗和每一句赞语的背后，都有着一段感人的故事，都能看到杨正超心忧群众、情系百姓的爱民情怀公仆心。

一切属于人民，一切为了人民，一切依靠人民，是我们党的优良传统，也是我们的立党之本、力量之源、执政之基。从群众中来到群众中去，时刻密切党和人民的血肉联系，决定了我们所有工作的立足点、出发点和落脚点，归根结底一句话：水能载舟，亦能覆舟，人民利益高于一切。多年来，杨正超注重弘扬党密切联系群众的优良作风，心里装着人民，事事想着人民，工作上依靠人民，始终坚持走访基层、亲自接访、驻村帮扶、走街串户，力求多渠道、全方位、深层次了解人民群众冷暖疾苦，努力为民排忧解难。在汝南，他走遍了全县所有行政村；在周口，他走遍了10个县市区的所有乡镇、办事处，走访村庄、社区几千个，走访干部群众数万人……细微之处见精神，那一个个数字、一串串足迹，彰显了他牢记党的宗旨，一心为民的公仆情怀和诚心诚意为人民群众谋利益的爱民之心。

杨正超认为，群众利益无小事，百姓诉求大于天。因此，他坚持从小事入手，从自己做起，点点滴滴，一以贯之，全心全意当好人民群众的知音。实事求是地说，杨正超并非“超人”，也是食人间烟火的血肉之躯，从书中，我们也没有看到他做出多少惊天动地、轰轰烈烈的大事，所做的更多的是一些在别人看来并不显眼的“小事”，诸如：修路、架桥、饮水、排涝、看病、产销、建房、养殖、赔偿、纠纷……乃至于是一个户口、一床铺盖、一个报亭……他所做的无非就是让人民群众有饭吃、有衣穿、有房住、有路走、有地种、有活干、有钱挣、有医看、有尊严。但就是这些小事，却直接关系人民群众的冷暖、疾苦等切身利益。杨正超把它视为“天大”的事，怀着一颗爱民心竭尽全力把群众的事当作自己的事办，当成大事、急事、难事办，把群众的困难视为自己的困难，带着血浓于水、骨肉相连的深厚感情，满腔热情地把群众最关切、最突出、最现实的问题解决好，进一步密切了党群关系、干群关系，用自己的实际行动，坚实地维护了党的力量之源、执政之基。

本书作者、郸城一高教师王雪涛，是一位普通的共产党员，教书育人之余，他被杨正超的事迹深深地感染着。于是，有了将杨正超的事迹整理成书的强烈愿望，以便于在更大的范围，宣传杨正超、学习杨正超，让杨正超的精神发扬光大。为了写好这本书，王雪涛忙里抽闲、满腔热情，深入到杨正超生活、工作过的地方调查采访，细心探寻杨正超为民、亲民、爱民的生动事迹，并以通俗易懂的语言，朴实无华的文笔，真实展现了杨正超做人与做官的感人形象。从另一个侧面帮助我们认识这位坚强刚正、嫉恶如仇、爱憎分明、正气凛然的优秀纪委书记，让我们近距离感知杨正超侠骨柔肠的内心世界，是一部值得一读的好作品。

我曾在河南省委、省政府工作多年，与河南的父老乡亲和广大干部，有着深厚的情谊，当年的许多往事至今令我难以忘怀。当前，在以习近平同志为总书记的党中央部署和号召在全党全国开展群众路线教育的时候，中央宣传部学习出版社拟于今年8月出版该书，我以为恰到好处、正当其时。这是一本反腐倡廉的生动教材，更是一面镜子、一把标尺，通过对照杨正超这个先进典型，可以在思想上作风上达到“照镜子、正衣冠、洗洗澡、治治病”的目的，对广大党员干部尤其是纪检监察干部如何开展向杨正超同志学习有很好的借鉴作用。

当今时代，英雄模范人物是社会的精神屋脊和道德高地。我们要礼敬包括杨正超在内的时代楷模，要学习他忠诚爱党、热诚为民的思想境界，学习他爱岗敬业、忠于职守的崇高精神。让我们在党的十八大精神指引下，以杨正超等众多先进模范人物为榜样，努力营造学先进、赶先进的浓厚社会氛围，凝聚起全民族的强大精神力量，为实现中华民族伟大复兴的中国梦，为把我们党的伟大事业不断推向前进而努力奋斗。

是为序。

注：作者为原中华人民共和国新闻出版署署长

目录

目录

◎人物介绍

杨正超

杨正超，男，汉族，河南省新蔡县人，1959 年 2 月生，本科学历。1981 年参加工作，1982 年加入中国共产党，现任中共周口市委常委、纪委书记。

杨正超同志 1985 年被命名为河南省新长征突击手，2001 年 6 月被评为全省纪检监察系统先进工作者，2003 年 9 月被评为河南省十大新闻人物，2003 年被评为全省整治企业经营环境先进工作者，2004 年 5 月被评为河南省劳动模范，2005 年 4 月被评为“全国先进工作者”，2005 年 6 月被评为河南省“五好”党员，2006 年 6 月被评为“全国优秀党务工作者”，2006 年 8 月被评为全省纪检监察系统先进工作者，2006 年被河南省委授予“优秀共产党员”称号，2007 年、2011 年连续两届被评为“全国纪检监察系统先进工作者标兵”，2008 年 2 月被省纪委评为全省查办案件工作先进个人。

真心为民篇

ZHENXIN WEIMIN PIAN

人民利益高于一切

著名思想家荀况在《荀子·王制》中说:“君者,舟也;庶人者,水也;水则载舟,水则覆舟。”唐贞观后期,魏徵在著名的《谏太宗十思疏》中说:“怨不在大,可畏惟人。载舟覆舟,所宜深慎。”意即怨恨不在于大小,可怕的只在人心背离;水能载船也能翻船,所以应该高度谨慎。《求是》杂志曾刊文指出,任何政党、政治集团执政以后,都面临着失去政权的危险。在和平建设时期,危险主要来自政党内部的腐败。执政党只有坚决反对腐败、有效地预防腐败,才能保住执政地位,维护国家的稳定和发展。

我们党至今已走过92年的革命历程,从1949年开始执政起,有成功有失败,有经验有教训。历史经验一再告诉我们,执政党的党风关系党的形象,关系人心向背,关系党和国家的生死存亡。一个政党、一个国家,如果没有好的作风来支撑和保证来凝聚力量,执政基础最终会发生动摇甚至土崩瓦解,可以说,党风是构筑共和国大厦的“混凝土”,“混凝土”质量的优劣,直接关系到政权的稳固。因为,从中央到地方,无论是党员还是政府官员出了问题,无论是挫折、失误、教训和动乱、腐败、丑闻等任何负面的东西,无论你主观上愿不愿意,承不承认,最终它的“账”

都要算在执政的共产党的头上，都要不断地加深和重复着人民群众对党的认识。人民群众的拥护和支持是党的执政基础和力量源泉。历史是一个大浪淘沙的过程。一个政党过去先进不等于现在先进，现在先进不等于将来先进。进入新的世纪，急剧变化的世界使我们党面临着许多严峻考验。因此，只有全心全意为人民服务，坚持人民的利益高于一切，我们党才能取信于民，凝聚人心，才能保证党的航船永远沿着正确的航向前进。

“知屋漏者在宇下，知政失者在草野。”我们党的政策是否正确、方略是否对头、措施是否对路，老百姓看得最清楚。在新形势下，改善党群关系、干群关系是当务之急。做官犹如当保姆，要时刻看“主人”的脸色行事，而不是看上司、领导的脸色行事。党员干部应主动联系群众，坚持一切为了群众，真心服务群众，切实维护群众利益；把人民群众满意不满意、拥护不拥护、赞成不赞成、高兴不高兴、答应不答应作为检验一切工作的根本标准，让群众来参与，让群众来评判，让群众唱主角；视人民群众为亲人，把群众当主人，时刻感恩群众，亲近群众，敬畏群众，牢记人民群众是我们的衣食父母。只有这样，才能以实际行动回答好、

与群众促膝交谈，倾听群众心声

解决好“为了谁”、“依靠谁”、“我是谁”的问题。

人民利益高于一切，就是要像杨正超那样，摆正官与民的关系，把“官帽子”看轻一些，把人民群众利益看重一些，尽心尽力维护、保护人民群众的利益。而腐败行为的实质，是对人民群众根本利益的冷漠、侵害和掠夺。作为纪委书记，就是要坚决与腐败作斗争，与各种侵害人民群众利益的行为作斗争。杨正超清清白白、坦坦荡荡、一身正气，一切从工作大局出发，一切为了人民利益，从不为自己谋私利，他捍卫的是党纪、政纪、国法，维护的是党和人民群众的利益。我们每一位党员干部，都要把群众的疾苦放在心上，把群众的利益放在首位，只有这样，我们党才会永远得到人民群众的拥护和支持，我们的事业之树才会长青。

一位老党员的遭遇

"我也是一名党员，那段日子，我感到无助、孤独和绝望，在我们党的领导下，我这名党员竟找不到说理的地方。那几天我一直在想，我们的党到底怎么了？后来，有了杨书记撑腰，我现在仍然相信，我们的党大有希望。有杨书记这样的领导干部，老百姓才能生活在青天下。" 说这话的是时年50岁的退伍军人、驻马店市汝南县三门闸乡小胡院村农民党员胡永新。

胡永新为何会说出这样一番话来？

这还得从头说起。

2003年3月16日上午，早春三月，春寒料峭。这一天，对胡永新来说，却是黑色的一天。

当时50岁的胡永新因家境困难，凑了不足100元，买了些葱蒜等蔬菜，赶着一辆骡子车拉着，挨村叫卖，以图赚点零用钱。当他向县城方向驶去时，忽然，一辆警车从他的后面超了上来，就在擦身而过的一刹那，"忽啦"一声，骡子车差点被撞翻，菜被甩了出去，撒了一地，胡永新被抛出2米多远，重重地摔倒在地上。

一切都是那么突然，以致周围目睹此情此景的人们不约而同地发出一声惊呼。

警车停了下来，从警车上跳下来一个年轻人，不仅没有查看人摔得怎样，反而怒气冲冲地走近倒在地上痛苦呻吟着的胡永新，大声呵斥起来：“你这个老家伙，怎么搞的？看看把我的车都撞坏了，你必须给我修车！”

围观的人们见那个年轻人如此霸道，终于忍无可忍了，七嘴八舌地指责起来：“就是天王老子撞了人也得先救人！”

“是车要紧，还是人要紧？！”

那个撞车的年轻人是三门闸乡派出所联防队员田某。此时，田某见众怒难犯，只好掏出手机打了一个电话。过了一会儿，又开过来一辆警车，从车上跳下两个穿警服的人，他们和年轻人商量了一番，然后对倒在地上的胡永新说：“走吧，我们给你看看去。”围观的人们听了这话，便一齐动手帮忙，将胡永新扶上警车。警车开走了，他们又帮忙整理好骡子车，其中一个穿警服的人赶着骡车向县城走去。

谁知，那些人根本没有带他去医院看伤。不一会儿，警车停在了县城南关一个修车厂里，还在痛苦呻吟着的胡永新被拽了下来。田某凶狠地说：“回去拿钱给我修车！”

胡永新忍着剧痛，苦苦哀求：“俺一个农民，哪有那么多钱给你修车，你撞了我我都不讲了，让我走吧。”

“没钱？哼！骡子、架子车暂时扣下，等钱拿来再说！”田某说完，坐上另一辆警车扬长而去。

瘫坐在地上的胡永新绝望地望着他们，眼里流出了痛苦悲愤的泪水。

无奈，胡永新只得央求一位路过的三轮车夫，把他拉到了县公安局，他想找县公安局的领导说说这事。然而，在公安局里，他从这个办公室挪到那个办公室，又挪到另一个办公室，最终也没有找到说事的人。这且不说，他还被推来推去，最终被推到了大门外。“不要影响办公。”他们说。

按胡永新的想法，自己受点伤算了，也死不了。可骡子、架子车几乎是他家的全部家当，如果就此没了，以后一家人还指望啥种地呢？

因为腿伤走不动，更因为胆小怕事，胡永新不想让家里人知道为他担心，他只希望遇上一个好心的领导帮帮他，把骡子和车还给他，让他走了算了。至于腿伤，权当自己吃亏算了，惹不起，干脆躲吧！然而，孤苦无助的胡永新在公安局大门外坐了一天一夜，只有一位好心的居民给他端了一碗饭吃，公安局的人似乎都没有看见他。

到了第三天，同村的一位村民在公安局大门口看到了他，大吃一惊，不知道他犯了什么事。于是，胡永新的家人接到通知后急忙赶来，把他送进了附近的医院。经检查，胡永新的左腿骨折。

胡永新曾当过兵，扛过枪，打过仗，因为老实肯干在部队入了党。退伍后，因人老实又不会做生意，只能靠种几亩地过活，日子过得很是紧巴。在家人的劝说下，他才用家里仅有的一匹骡子，拉着批发来的蔬菜挨村叫卖，想赚点零用钱，不想竟惹祸上身。

胡永新的家人到公安局说理，公安局的一位负责人让他们去找交警队。交警队事故科经调查了解，肇事的是三门闸乡派出所的警车，应负全部责任，骡车应立即归还，并由肇事方负责给胡永新治疗腿伤。

“负全部责任？没门！不拿钱修车，我把骡子、架子车给他卖掉！”没想到，三门闸乡派出所所长根本不买交警队事故科的账。

于是，李家人到处苦苦哀求，跑县公安局、跑交警队、跑三门闸乡派出所。一天、两天、三天过去了，仍然没有结果。

家里本就没钱，胡永新的腿伤已花去近千元，再这样来回坐车跑来跑去，仅车票钱家里就承受不了。胡永新的家人只好骑自行车、背上干粮一趟趟地跑，他们不知跑了多少趟。可是 20 天过去了，仍然毫无结果。此时，李家人欲哭无泪，真是叫天天不应，叫地地不灵。

他们绝望了。

在他们奔波的过程中，时不时有好心人提醒说：“你们咋不找找杨正超书记啊？”

然而，老实本分、胆小怕事的胡永新不同意，说：“人家是大官，咱一个小老百姓的事他能管吗？把东西要回来算了，别惹事了。”

但是这时候，他们只有这条路了，那就是找杨正超，或许还有一丝希望。

第 22 天，胡永新的妻子瞒着他，抱着试试看的心情，和他的哥哥一块来到了县纪委找杨正超书记诉说冤屈。

听完他们悲愤的哭诉，杨正超怒不可遏，但是他极力忍耐着，反而面带微笑地安慰他们：“你们谁也不用去找了！”

两人感动得说不出话来，急忙要下跪，被杨正超一把拉住了。

送走两人，杨正超当即安排人员立案调查。

事情就这么简单。第二天，胡永新的家人就接到通知，要他们把骡车领回。尽管那些菜早已不知去向，可是骡子、架子车总算要回来了，损失并不大。

胡家人把骡车赶回村时，村民们唏嘘不已：“看来，杨书记真能为老百姓办事！”

“要不是有杨正超这样的好官，你这骡子车算是要不回来了！”

县纪委不仅帮助胡永新要回了骡子车，而且县纪委常委会还研究决定：鉴于三门闸乡派出所及部分人员欺负百姓的恶劣行为，建议对肇事合同警予以辞退，对负领导责任的派出所所长给予免职处分，三门闸乡派出所负担胡永新医药费 2000 元。

这件事虽然处理结束了，但是杨正超却忧心忡忡。他在民情日记中这样写道：三门闸乡小胡院村一村民来反映，上个月她丈夫胡永新用骡子拉着车卖菜，三门闸乡派出所的小车把他的车撞了，把胡永新撞成左腿骨折，他们不但不说赔礼，反而把车、骡子和菜全部扣下来，非让胡永新为他们修车，几次去要都不给，请纪委帮他们把车要回来。公安派出所是不是太霸气了？霸气得太不近人情了。我随即安排工作人员同受害人一道，让派出所无条件地放车和骡子，支付医疗费，赔偿损失，向受害人当面道歉。处理完后我想，这种欺民作风何时能得到彻底扭转呢？

评论

纪委书记要敢于匡扶正义，为人民群众主持公道。

——杨正超

在群众眼里，纪检监察是维护社会公平正义的第一道防线，纪检监察干部是公平正义的化身，维护公平正义，是党性所在、职责所在、人性所在。因此，包括纪委书记在内的纪检监察干部要敢于匡扶正义，伸张正义，惩恶扬善，为人民群众主持公道，坚决同各种消极腐败现象做斗争。

古人云：“当官避事平生耻，视死如归社稷心。”杨正超也曾铿锵有力地说：“党需要我们这些纪检监察干部冲锋在反腐倡廉的最前沿，人民群众需要我们这些纪检监察干部为他们守护一片净土，为了党的纯洁，为了社会的和谐，我们再苦再累也值得！”纪检监察干部必须对腐败现象嫉恶如仇，如果纪检监察干部不去维护公平正义，为了谋取私利而亵渎党纪国法，纪检监察干部的形象，党的形象，社会的形象，就在人民群众心中一文不值了。

褚立国14年的漫漫维权路

乡村人间四月天，春风和煦，绿意盎然，野花盛开，放眼四望，满眼勃勃生机。绿油油的小麦正在抽穗，高大挺拔的杨树枝繁叶茂，洁白的槐花在枝头绽放，青杏刚刚挂果，一群雪白的山羊正在悠闲地吃草，一派祥和静谧的乡村风景。

“我们全家感谢党，感谢政府，感谢杨书记！”在郸城县一个农家小院，里里外外站满了人，一位青年农民一个劲地表达他的感谢。

2009年4月，当杨正超和调查组成员来到郸城县汲水乡左桥村农民褚立国家把20万元赔偿款和土地证交给他的时候，褚立国一家再也抑制不住内心激动的心情，全家人齐刷刷跪下，给杨正超和调查组磕头来表达他们的感激之情，杨正超当时眼泪也往下掉！对他们说：“该下跪的是我们啊，我们来晚了，我向你们检讨！”

这是怎么回事呢？日历翻回18年前。

1995年，郸城县汲水乡左桥村一户村民，仗着家族势力，在没有和褚家商量并征得同意的情况下，硬是把坟埋在了褚家的宅基地里。对一个农民来说，自己的宅基地被埋了个坟是多么晦气，无异于奇耻大辱。他能愿意吗？当然不愿意，就向当地政府和有关部门反映，要求停止侵权、赔偿损失。但不知跑了多少趟、反映了多少回，却一拖就是 14 年，事情就是得不到解决。

祸不单行。这中间，褚家还遭遇了更大的不幸。

2005 年，陷入绝望的褚立国携带汽油瓶准备在天安门广场自焚，幸被当地在京干部发现并劝回。2007 年，当地党委、政府和公安部门得知褚立国父子可能再次进京上访时，就安排派出所去做稳控工作。有关人员赶到褚立国父亲家门口时已经是深夜了，褚立国 60 多岁的父亲心脏本来就有点问题，当看到派出所人员又来造访，遂发生了口语争执，早已不堪重负的老褚再也经受不了刺激，当场突发心脏病死亡。

褚立国气愤不过，再也控制不住自己的情绪，他拿起院子里的抓钩，把停在他家门口的警车砸了。公安部门认定他砸警车涉嫌妨碍公务罪、故意毁坏财物罪，褚立国被当场刑事拘留，起诉后又被判了 11 个月。

父亲死了，自己又被判刑了，家也破碎了，可是反映的问题还是没有解决，接二连三的打击把褚立国击垮了。回来后，事情还像踢皮球一样被“有关部门”踢来踢去。褚立国心有不甘，继续申诉，他下定决心要讨回公道。当听到别人都在议论刚来的纪委书记不惧强权、为民作主的事情时，他就把自家的不幸遭遇反映给了杨正超。

杨正超听到后义愤填膺，但冷静下来，他陷入了沉思：我们有些党员干部，一遇到群众上访事件就抱怨群众是“刁民”，从不在自己身上找原因。如果他们能改变作风，想方设法为群众办好最关心、最直接、最迫切、最现实的事情，群众还会一而再再而三地去上访吗？党要求我们做到以人为本、执政为民，而现实中却总有一些人，为了人情和利益，置百姓利益于不顾，甚至利用权力混淆是非、颠倒黑白、欺压百姓。作为纪检监察干部就应该挺身而出，义无反顾地为群众主持公道、伸张正义！

“管，这事我一定要管！”杨正超拍案而起。

他在信访件上批示：“因群众上访反映问题又因公安介入造成反映人死亡，不但没有妥善处理，反而追究反映人的法律责任，视人民生命当儿戏，孰不可忍，我们还是人民的政府吗？我们的权在为谁用？请组织力量认真查处、严肃处理，还人民应有的公道。”

市、县纪委专门成立了调查组，经过半个月的集中调查，褚立国反映的情况基本属实。

听了调查汇报后，杨正超当场就拿了出五条意见：第一，该追究责任追究责任，上至县里领导、公安局长，下至乡党委书记、派出所民警，都要追究责任；第二，赔礼道歉；第三，按照国家法律法规规定进行赔偿；第四，对14年上访造成的困难给予必要的经济补助；第五，按照有关程序和规定立即办理土地证。

有关人员受到了责任追究，杨正超亲自给褚立国家送去了土地证和

来到农家小院看望褚立国的母亲

20万元赔偿款，褚立国感激涕零，全家老少都跪下了！

临走的时候，围聚在一旁的村民突然燃放起了鞭炮。

杨正超却在想："看看我们的老百姓有多难，14年的上访路走到今天，受了难还给我们磕头。看看我们的老百姓多么善良、多么淳朴！老百姓合法权益受到损害的时候我们不能给他解决，我们愧做人民群众的公仆啊！"

评论

看到老百姓的苦、听到老百姓的难，心里很难受，泪水常常不知不觉的朦胧双眼，仿佛自己做了对不起老百姓的事。

——杨正超

杨正超在汝南县工作时，曾在他的民情日记中不止一次地感慨道："老百姓要一个公道怎么就这么难！一些部门的干部和工作人员对老百姓的利益冷漠得让人痛心啊！""我一直在想，减轻农民负担为何这么难？有些基层干部对侵害农民利益的事又为何这么冷漠？个别领导干部群众观念为何这么差？""为什么像这样事关老百姓切身利益的案件就不能快一点解决呢？我很不理解。""我们的执法人员为什么就做不到文明执法呢？对老百姓怎么就那么敌视呢？唉！老百姓太苦了，这个问题一定要查清楚，还百姓一个公道。"

作为纪委书记，他对贪官嫉恶如仇，待百姓侠骨柔情。这位反腐斗士只要看到、听见老百姓的苦和难，他的心就会滴血，他的眼就会流泪，他就会感到愧疚，总觉得对不起乡亲们，仿佛是自己的亲人受了天大的委屈。流泪不是软弱，而是他心里装着对人民群众的大情大爱。他心怀天下，悲悯苍生，不论分内分外，凡是关系到群众切身利益的事他都管。不仅有党员干部贪污受贿、鱼肉百姓的案件，还有法院执行、交通肇事、行凶打人、教育乱收费、土地纠纷、打井吃水、扶贫助学、城市管理、农村用电、经济纠纷、坑农害农、架桥修路等一些本该政法、教育、水利、电力、工商、交通、城管等部门管的事。

但由于这些职能部门的缺位和不作为或乱作为，才造成老百姓有苦无处说、有冤无处申，如果这些部门的领导都能像杨正超一样把群众放在心上而不是挂在嘴上，把群众当亲人而不是仇人，多去农村、社区走走、看看，多倾听群众的呼声，老百姓还有这些苦和难吗？！

纪委书记的老“熟人”

翻阅杨正超的民情日记，发现好几个地方写到一个叫罗德群的村民，时间跨度上达好几年，还在日记中亲切地称他为老“熟人”。罗德群究竟是纪委书记什么样的熟人呢，以致让他在日记中一而再、再而三地提起？

先让我们看看他的日记：

2001年10月29日：刚送走几位上访群众，罗德群很困难地抱一块大匾走了进来，匾上写着：赠给汝南县纪委杨正超书记——心系百姓，为民解忧。看着看着，我流泪了，罗德群也流泪了，我流的是自愧的泪，罗德群流的是感激的泪。他说：“7年了，是你杨书记给我的问题解决了，如果不是你，不知还要再等几个7年呐！”百姓的事，并且是合理的事情，为何解决起来就这么难呢？

2001年12月1日：今天，我到罗德群家看了看。起因是听办公室的同志讲德群家很穷，我一直放心不下。我把他整个屋内都看了一遍，心里感触很多。太穷了！农民或许还有很多像罗德群的家庭一样。我们的各级领导干部能不能少说些空话，多为这些贫困的家庭想些办法，帮帮他们。

2001年12月5日：今天天气陡然变化，下起了大雪。这时我又想起了罗德群家里烂旧的棉被，于是，我就把家里刚给我送来的一条棉被和我穿的鸭绒袄送给了罗德群，不能让他受伤的身体再冻坏了。村上的群众听说我去了，有好多人冒着雪去看我。临走时，百姓送至村口，都落了泪，此时此景，心潮难平……

2002年1月2日：今天是放假的第二天，我正在办公室处理公务，罗德群来了，叙了一会儿家常后，德群提出想搞养殖，让给协调点扶贫款，我原就有这个想法，想尽快让德群脱贫。我给他讲：我一定给你想办法，但愿你能尽快脱贫，走上致富之路。

2003年1月3日：一下班，就来了几个人，仔细一看，都是熟人。罗德群说：我给他买的羊现在已经发展到17只了，前两天卖了两只，赚了400多元钱，够过年的了；冉小翠夫妇来了，告诉我他们的问题已经妥善解决了；孙大平来了，告诉我她丈夫的赔偿金已经得到5500元了。并分别都带了礼品：罗德群送来了一壶油；孙大平送来一提篮鸡蛋；冉小翠夫妇送来一面锦旗。

看着一张张质朴而真诚的笑脸，我也由衷地感到群众真是我们的贴心人呀！他们的礼，我决定破例收下。

原来，这个被杨正超认作“熟人”的罗德群只是一个老实巴交的农民，曾因上访请求解决问题而认识了杨正超。

1994年，罗德群参加三桥乡乡村公路建设，被三桥乡政府派去当义务工，轧断了一条腿。那天，罗德群开着一辆小四轮穿梭在工地上拉土。一次空车返回时，迎面疾速驶来一辆满载泥土的小四轮，为了躲避，罗德群猛打方向盘，冲到了路边斜坡上。但是斜坡太陡，小四轮失去了控制，翻倒在路边，罗德群被死死地压在下面。三桥乡带队施工的一名副乡长闻讯赶到后，立刻指挥众人把他救了出来，随即将罗德群送往县医院。经诊断，罗德群左腿小股骨粉碎性骨折。

在医院治疗了一个多月，罗德群花费了4000多元。

罗德群躺在病床上，却十分担心医疗费的事，因为他家太穷了，拿不出这么多的钱。乡里对医疗费一直也没有个说法，所以他的心里颇为忐忑不安。他对前去看望他的乡领导说：“我是乡里派去修路的，算因公受伤，医疗费花多少不该叫我出。”

其实，罗德群不知道，就在他住院的当天，乡里已经为他垫付了1000元，暂时先用着。至于大笔的医药费，乡里也正在想办法。此刻，乡领导见罗德群又提到医疗费的事，就宽慰他说：“知道你是因公受伤，药费一分钱也不会少你的。现在乡里资金有点紧张，医疗费你先想办法自己垫上，以后一块儿给你报销。”

那个乡领导临走时，只给了罗德群600元钱。

罗德群拿着那600元钱，不知道该说什么了。他能有啥办法，当然要相信乡领导的话。于是，在出院时，他东挪西借，总算凑齐了欠下的3000多元医疗费。

按照医生的嘱咐，罗德群要等一年后，才能到医院取出在腿里面起支撑固定作用的钢板，再进行一次恢复性治疗。当然，在医院取钢板和恢复性治疗还要花很多钱。罗德群只是担心，花了这么多钱，万一报销不了怎么办？毕竟是自己掏腰包支付这一切，他心中能不打鼓吗？为此，他寝食不安。他希望乡里或村里能够把钱给解决了，这样，他也就安心了。然而，乡里自从给了那600元钱以后，就再也没有下文了。

罗德群当然着急，那可是他借来的钱啊！

出院不到半年，罗德群再也躺不住了。他让家人用架子车拉着他到乡里要钱。乡里的领导接待了他，可是乡里的领导两手一摊，无可奈何地回答他：“资金紧张拿不出来。”

罗德群没有办法，只得空手而归。

一年后，罗德群因为经费无法落实，他自己也拿不出那么多钱来，便只在县医院做手术取出了钢板，却没有进行恢复性治疗。没想到，就因为这样，他却给自己带来了严重的后果：他的左腿再也无法伸直，走路时身子要大幅度地往左倾斜，比瘸子还要瘸子。

他不幸成了残疾人。

又过了一段时间，当罗德群再一次拖着一条残腿到乡里去报销医药费时，曾经给他许下诺言的几个乡领导都已经调走了。找别人，别人都是言语躲闪，以不知道情况为由进行搪塞。从那以后，日复一日、年复一年，罗德群到村里、乡里追要所欠的医药费，都没有结果。

为了治伤，罗德群东挪西借，家里落得一贫如洗。这样，一晃7年过去了，村里班子换了3届，乡里领导也先后更换了两茬。他拄着拐杖，在乡间土路上奔波了7年，被拖欠的医药费一分钱也没有要回来——新来的领导怎么可能去替以前的领导兑现“空头支票”？

由于腿伤导致贫病交加，生活的重担压得他喘不过气来，再加上心中郁闷，罗德群这个才30多岁的青年汉子，看上去非常憔悴、异常苍老。

由于要偿还住院欠下的几千元债务，让本来就十分贫困的罗德群更是雪上加霜。年迈的父母，多病的妻子，嗷嗷待哺的孩子，而他却弄了个身体残疾不能干重活，一家人为此陷入到勒紧腰带、节衣缩食的困境之中。罗德群有泪只能往肚子里咽。

家里人也不忍心再埋怨他，他一瘸一拐不停地到乡里哭诉已经够难的了。

村里人同情他的遭遇，纷纷为他出谋划策：“乡里不管，你不会到县里告去。说不定县官一句话，你的问题就解决了。”

罗德群只是唉声叹气，并不相信7年来办不成的事情会简单到县官一句话的程度，但是村人的话还是给了他一线希望和力量。

他打算去县里。

2001年9月22日，罗德群揣上几个干馍，踏上了去县里的上访之路。

在县政府门口，罗德群被门卫拦住了："找谁？"

罗德群也不知道自己具体要找谁，他说："我要找县领导。"

"什么事？"门卫盯着他问道。

没想到，门卫的这一问，竟把罗德群的泪水给"问"下来了。多少委屈、多少痛苦、多少磨难，都被这一句话勾引出来了。他无法控制地热泪长流，像一个无助的孩子。

一个残疾汉子如此肆无忌惮地流着泪水，肯定有着很大的委屈。门卫的心先是软了，同情地看着他。那目光像是在鼓励，又像是在探询。

罗德群像每一次去乡政府一样，撩开裤腿，声泪俱下地讲述着7年前那个九死一生的场景，讲述着7年来他为报销医药费而苦苦奔走的艰难经历，直说得门卫唏嘘不已，陪着流泪。

门卫把他让进屋里，给他倒了一杯水，叹口气道："你这事拖了这么久，找谁也不好解决。不过，我给你介绍一个人，你去试试，他要是解决不了，你找谁也没有用了。"

罗德群眼睛一亮："那人是谁？"

门卫悄声告诉他："县纪委杨正超书记。"

按照这位好心人的指点，罗德群直接找到了汝南县纪委。

县纪委办公室主任王世俊正坐在那里写材料，抬眼看到一个衣衫不整的汉子旁若无人地直往里走，急忙出来拦住了他："你有啥事？先到信访办吧。"

"不中，我这事非得找杨书记不可。"罗德群铁了心不管不顾。

这时，杨正超正好开完会路过，闻声便走了过来。"他这样坚持要见我，肯定有窝在心里的苦处，你去给他倒杯水吧。"杨正超一边对王世俊说，一边把罗德群让进自己的办公室。

屋子里只剩下杨正超和罗德群两个人了。可是罗德群见了杨正超，却不知是紧张还是激动，一时竟不知从何说起了，只是嘴角哆嗦着，呆呆地望着杨正超。

杨正超鼓励他道："有啥难处只管说，我看能不能帮你解决。"

杨正超的这一句话，像一阵和煦的春风，融化了他封冻的内心，让罗德群的泪水再一次流了出来。他断断续续地述说起7年来的伤心事。也许他太激动了，他害怕杨书记听不明白，因此有些乡领导的话他翻过来倒过去重复了许多遍。

杨正超耐心听完了罗德群的叙述，听懂了这个残疾人的全部委屈和诉求。

终于说完了，罗德群低下头去，心中仍是忐忑，不知道眼前的这个杨书记该怎么处理。

杨正超招呼他："你先喝口水。"

罗德群感激地端起杯子，小心地喝了一口水。水已经凉了，但在这九月秋老虎的热暑中，他喝下去却感到无比的畅快。

在罗德群喝水的时候，杨正超给三桥乡政府打了个电话，询问罗德群的情况。对方回答他说："罗德群的情况比较复杂，在电话里一两句话说不清，明天上午，我们专门找杨书记汇报。"

杨正超却说："告诉你们的书记、乡长，我马上去一趟。"

杨正超似乎等不到明天了，他放下电话对罗德群说："走，我带你到乡里找他们去！"

罗德群简直不相信自己的耳朵，7年了，为了这3000多元的医药费，罗德群跨了多少门槛，看了多少白眼，听过多少冷言冷语，他都记不清了，万万没有想到这位非亲非故的县委副书记、县纪委书记竟然要同自己一块去到乡里为自己要钱。罗德群"扑通"一声跪倒在杨正超面前，不住地作揖："谢谢，谢谢杨书记！"

从来没有坐过小轿车的罗德群，第一次享受了"副县级待遇"，同杨正超一起坐车来到了三桥乡。

三桥乡的党委书记和乡长等人早已在乡政府大门口迎候。当他们打开车门，看到随车下来的还有“上访专业户”罗德群时，都大吃一惊。

在乡政府办公室里，杨正超并没有对乡干部们多说什么，他只是希望乡政府对群众的困难要有一个负责任的态度，切实处理好这件事，不要辜负了老百姓对党和政府的信任。

三桥乡的书记、乡长当即信誓旦旦地表态：尽快和村委协调，解决好罗德群的医药费问题，决不会让杨书记来第二趟。

3 天后，三桥乡的领导亲自把医药费送到了罗德群的手里。

7 年了，罗德群终于拿到了期盼了 7 年的 3000 多元医药费，是多么艰难啊！

几天后，罗德群带着人敲锣打鼓到县纪委，要给杨正超书记送锦旗，表达内心的感激，却被杨正超婉拒了，一行人极不情愿地离开了县委大院。后来，不甘心的罗德群自己一个人悄悄地来了，给杨正超送了一个大匾，于是便有了日记中的一幕。

更让人没想到的事在后边。进入隆冬季节，天下大雪，挂念着罗德群的杨正超又亲自到他家里给他送棉被和棉衣，让罗德群这个汉子激动得热泪盈眶！

评论

有访必接、有问必答、有疑必释、有难必解。

——杨正超

目前，社会上存在的消极腐败现象与广大人民群众的根本利益水火不容。纪检监察机关要确保上访诉求在任何情况下都有人应、有人管、有结果、有反馈，绝不能敷衍了事、麻木不仁、无动于衷。如何对待群众反映，会产生不同的效果。《召公谏厉王止谤》和《邹忌讽齐王纳谏》就是两个下场截然不同的例子。齐威王下令求谏，周厉王却以“能止谤”自喜，天下之人，满腹不平，他要钳住万民之口，自己也捂紧耳朵。“防民之口，甚于防川。”“止谤”使得百姓“道路以目”。厉王不听民间呼声，结果是国破山河碎，自己也被流放。齐国因为广开言路，收到许多有价值的建议，从而国强民富，一片繁荣昌盛的景象。

遇见群众来访，每一位纪检监察干部都有责任、有义务接访，绝对不能敷衍塞责，推诿扯皮。属于纪检监察机关受理范围的，要认真负责地处理，做到件件有着落，事事有回音。重要问题还要帮助疏通办理渠道，多做暖人心、稳人心、得人心的工作。不属于受理范围的，也要满腔热情地做好解释说明工作。在对群众问题的解决上，不能只研究现象不研究实质，只注重形式不注重结果。在解决损害人民群众利益的问题上，只是按照一般程序处理群众反映，满足于批转了事，就是不注重效果。最终问题解决了没有，反映人满意不满意，就不讲了。如果问题解决了，人民群众就对我们的工作是满意的；如果没有解决，仅仅从形式上履行程序，上访群众就会对我们口生怨言、心生怨恨。所以对待人民群众的上访应做到有访必接、有问必答、有疑必释、有难必解，这是对纪检监察干部最起码的要求。

一起扑朔迷离的交通事故案

1997年12月8日，鹿邑县城郊乡胡半截楼村罗志强的妻子王桂兰被鹿邑县盐业公司职工姚建国驾驶的三轮摩托车撞伤，并于2000年8月30日死亡。在民事赔偿诉讼中，由于鹿邑县盐业公司个别人员贿赂车管所人员篡改车辆档案以及法院不公正的审判，致使王桂兰被车撞成重伤死亡后，12年间打了9次官司却得不到赔偿。

2009年5月，罗志强听别人说周口来了一位为民作主的“青天”，就向杨正超书记写了一封求助信。

2009年5月5日，杨正超看到信件后，非常气愤：“一些人连一点良心都没有了，人都死了，还颠倒黑白，变着法子不给赔偿。”他立即批示信访室调查。信访室组织市中级人民法院、川汇区检察院、商水县审计局、太康县纪委部分人员成立了9人调查组，历经10天的认真调查，终于查清了问题的来龙去脉。

1997年11月29日，姚建国为做客运生意购买一辆三轮摩托车。入户时，找所在单位盐业公司人事股股长王金刚为其开具证明信。王金刚在没有请示单位领导的情况下，为姚建国开具了单位证明信，并在姚建国提供的机动车登记表车主签章栏内加盖盐业公司公章。该车于 1997 年 12 月 4 日入户，1997 年 12 月 8 日将罗志强妻子王桂兰撞成重伤。

事故发生后，鹿邑县交警大队事故中队中队长张晓飞、副中队长陈卫、民警赵险峰、董文富负责承办该案。经过调查，认定姚建国负该事故全部责任。同日为姚建国办理了刑事拘留手续，但未执行拘留措施，姚建国为躲避经济赔偿和法律责任，于 1998 年 1 月出逃。

1998 年 5 月 15 日，罗志强把姚建国作为第一被告、鹿邑县盐业公司作为第二被告起诉至鹿邑县人民法院。罗志强举证的机动车行驶证显示车主为鹿邑县盐业公司。据此，鹿邑县人民法院一审判决姚建国赔偿王桂兰医疗费等 92076.56 元，鹿邑县盐业公司承担该事故的连带责任。鹿邑县盐业公司不服提起上诉，周口市中级人民法院二审维持原判。

然而，鹿邑县盐业公司对二审仍然不服，认为鹿邑县公安局将属于姚建国的私人车辆入户为盐业公司，其行为侵犯了盐业公司的合法权益，于 1999 年 3 月 10 日向鹿邑县人民法院提起行政诉讼。法院审理认为，鹿邑县公安局将豫 P–44683 号三轮摩托车的车主认定为盐业公司，认定事实不清，主要证据不足。公安局辩称豫 P–44683 号车辆档案被盐业公司涂改，但未能提供证据充分证明，理由不能成立，不予采纳。法院于 1999 年 6 月 7 日作出行政判决，判决撤销鹿邑县公安局 1997 年 12 月 4 日颁发的车牌号码为豫 P–44683 号机动车行驶证。鹿邑县公安局不服一审判决上诉，周口市中级人民法院终审对上诉理由不予支持，驳回上诉，维持原判。

2000 年 9 月，河南省检察院对该案提出抗诉，周口市中级人民法院作出行政判决维持原判。鹿邑县盐业公司行政诉讼胜诉后，向周口市中级人民法院提出申诉，要求撤销一、二审民事判决。2006 年 12 月 4 日，周口市中级人民法院撤销一、二审民事判决，发回重审。至此，由于肇事车主姚建国外逃，民事判决盐业公司负连带责任的依据——肇事车辆行驶证被行政判决撤销，姚建国交通肇事事件引发三次民事诉讼、三次行政诉讼，受害人王桂兰的理赔始终未能执行。

最后，调查组终于查清了盐业公司个别人员串通车管所人员篡改车辆档案致使法院不公正审判的事实，肇事司机被抓捕归案，盐业公司王金刚、鹿邑县交警大队车管所时任所长任东卫、车辆档案管理员张秋霞，以及该案承办人、鹿邑县交警大队事故中队张晓飞、陈卫、赵险峰、董文富等相关责任人分别受到党纪、政纪处分，受害人得到了9.2万元赔偿款。

“感谢纪委，感谢纪委的好书记！如果不是杨书记主持正义，我的事还不知道啥时候能解决。”

12年的沉冤终于昭雪。2009年6月24日，罗志强执意来到市纪委，手捧题有“百姓的父母官、人民的好青天”的锦旗，流着激动的眼泪向杨正超表示感谢。

评论

谁要是欺负老百姓，我就和谁过不去。

——杨正超

杨正超说，对共产党的领导干部来说，心里没有群众，就是忘本；对群众的疾苦漠不关心，就是变质；滥用手中的权力欺压群众，就是对共产党的背叛。所以，凡是遇到党员干部忘本、变质、背叛的事，不管是不是属于纪委管，他都决不会袖手旁观。他是这样说的，也是这样做的。

在《一个纪委书记的民情日记》中，他写到这样一件事：汝南县一个村支部书记指使三个女婿和儿子疯狂殴打村民妻子，甚至在其子用架子车拉母亲治疗的途中还对其大打出手。杨正超怒不可遏，拍案而起：“这事太气人了！如此凶官要不受到严惩，怎能平民怨、又怎能对得起我们的衣食父母？这样的直接侵犯群众合法权益的案件一定要严查重处，决不能手软，一定要让这样的党员干部知道：百姓是不可欺的！”这样的事例还有很多。

70多年前，鲁迅先生曾写下这样的诗句：“横眉冷对千夫指，俯首甘为孺子牛。”著名诗人臧克家在名作《有的人》中这样写道：“有的人／骑在人民头上：‘呵，我多伟大！’／有的人／俯下身子给人民当牛马……骑在人民头上的／人民把他摔垮／给人民作牛马的／人民永远记住他。”杨正超就是这样一头甘受人民群众驱使的孺子牛，任劳任怨，默默无闻，埋头苦干。在腐败分子面前，他不畏权势，横眉冷对；在党纪国法面前，他不徇私情，刚正不阿；在人民群众面前，他情深意重，侠骨柔情。

为农妇刘继美讨回公道

汝南县大王庄乡小寺村是个典型的豫南小村，村庄美丽祥和、安宁静谧，村民的日子过得波澜不惊。

小寺村有个叫刘继美的女人，勤劳、善良、孝顺，在家里悉心照料着70多岁的婆婆和两个可爱的儿女，在当地，她还是有名的养猪能手。可是一场车祸，让她和她的全家坠入了痛苦的深渊。

2002年3月29日，刘继美叫上同村的三轮车，装上7只猪仔到集市上去卖。集镇离村子不远，刘继美又赶了个早集。太阳当头照时，7只猪仔已全部卖完。刘继美挂念着家里的老人和孩子，又急忙乘三轮车往家赶。

突然，一辆面包车从后面疾驶而来，很快追上了她乘坐的三轮车。在与三轮车并行的一刹那，面包车上有人大声吆喝："快停下来！快停下来！"

三轮车司机扭头一看，认出是收三轮车管理费的，立即加大油门向前狂奔。因为在他们心里认为：挣俩小钱不容易，能溜就溜，谁会主动去交钱？况且那些收费是否合理也很难说哩。

面包车上的人见状很生气，想跑？没门！于是加大油门狂追，并且很快就超过了三轮车。愤怒的面包车不管三七二十一，突然变向在三轮车前面一横，挡住了三轮车的去路。

三轮车司机一看吓傻了，慌乱中本能地一打方向盘避让，结果连人带车翻倒在路边一条沟里。那条沟有一人多深，水已经干涸，裸露着硬硬的泥地。只听见一声撕心裂肺的惨叫，刘继美被重重地压在车下，顿时昏迷过去。

面包车上的人“气”出了，可是一见这情况，也吓傻了，反应过来后，竟然驾车飞速逃离了现场。

后来，刘继美被路过的好心人送进了当地医院。医生检查以后，对刘继美的家人说：腰脊椎粉碎性骨折，伤势过重，需要接受高位截瘫手术。刘继美的家人一听就吓傻了，尚不到40岁的一个家庭主妇，从此要瘫痪在床，之后的日子该咋过呀？但是面对这从天而降的灾难，刘继美的家人只能倾其所有给她治伤。普通农民，就怕大病，一场大病就可能返贫。果不其然，很快家中的积蓄全部花光了，还借了部分外债。

灾祸惨重，灾祸的后果更加惨重。

这些惨重灾祸是谁造成的？与那些擅自查车收费的人没有关系吗？当然有，他们应该承担责任吧？应该赔偿一点吧？然而，让刘继美万万没有想到的是，当地有关部门在事故的结论上，竟然写着“自己肇事，别人不负责任”之辞。刘继美一个农村妇女，招谁惹谁了，竟要承受如此大灾大难？怎么着也不会她“自己负责”啊！但是有关部门的“权威”结论出来了，又能怎么办？一家人悲痛欲绝，又愤愤难平，左邻右舍的村民们也都为他们愤愤不平，大家聚在一起，议论着准备集体上访，为刘继美讨个公道。

刘继美是不幸的，但也是幸运的。

正当他们商量着如何上访时，时任汝南县委副书记、纪委书记的杨正超正好在她那个乡调研工作。听人们说起这事，杨正超便立即赶去村里，赶到刘继美家里。

刘继美家本是当地有名的养猪大户，原来那个生机勃勃、其乐融融的农家小院，遭受灾祸后，已经今非昔比。偌大的猪圈已是猪去圈空，院子里除了偶尔的哀叹以外，再也没了往日的热闹。上初中三年级的女儿不得不放弃上高中的梦想，回家照顾母亲。丈夫早出晚归到乡里、县里，求爷爷告奶奶，苦苦哀求救救他家、救救孩子他妈，而每天回来都是一脸沮丧、唉声叹气，一个原本结实的壮汉一下子变得神情恍惚，萎靡得像大病缠身。

杨正超后来回忆说："当初来到刘继美的农家小院时，被眼前的一切震惊了，为了给刘继美治病，刘家已经卖光了 20 多只羊和 40 多只猪仔，初三的女儿不得不辍学回家，每天做饭侍候母亲，70 多岁的白发老奶奶每天呆呆地坐在门口，嘴里喃喃地说着一句话：谁来救救俺啊？"

眼前的情景，让杨正超心里很难过，他握着老奶奶的手，对老人家说："大娘，我来救你。"

老奶奶问："你是谁呀？"杨正超回答："我是您的儿子。"

躺在床上的刘继美见了杨正超书记，竟哭得连话也说不出来。突然遭遇大苦大悲的人，伤痛是在心里，难以接受，难以承受，难以忍受。哭，也许只能是最好的一个发泄方式了。此情此景，杨正超也情不自禁流下了辛酸的眼泪。他最看不得老百姓的眼泪，那泪流在百姓的眼里，却像针一样刺在他的心里。他常常这样自嘲，怎么年纪越大，心灵越脆弱起来了？是小时候受了太多的苦，还是他一直生活和工作在基层，对基层群众怀着深深的怜爱之情？他自己也说不清楚。他紧紧握着刘继美的手，想把那份安慰和决心传达给她，以减轻她身心的疼痛。他对刘继美说："你们放心，这事我管定了！"

这时候，准备上访的刘继美的家人和亲朋邻居都围了过来，静静地看着眼前的一幕。杨正超环视大家一眼，高声说道："乡亲们，刘继美的不幸我才知道，知道了就赶过来了，我一定过问此事，给你们一个满意的答复，但是你们得给我几天时间。”

大家听杨正超说得恳切、真诚，又是县委领导，觉得大有希望，便答应了杨正超的要求，暂时不去上访，等待消息。

说罢，杨正超强忍着泪水，快步走出了门外。群众一直送他到村头，然后看着他的车慢慢消失在视野。

回到单位，杨正超立即给公安、交通部门的领导打电话，责成他们秉公处理，给受害者一个满意的说法。他的态度非常坚决，似乎还带有一种火气。

然而，半个月过去了，有关部门的结论仍然是“自己肇事，别人不负责任”。

看到这个结论，杨正超火大了：如此明白无误的事，怎么在一些人眼里就如此黑白颠倒呢？他即刻安排一名纪委常委牵头，会同公安局、交通局有关人员组成了联合调查组，对此事重新调查。

很快，结果出来了：经查证，乡公路管理站上路强行收取管理费是违规行为，导致出现重大事故，应负完全责任；肇事逃逸，应当追究主要负责人的刑事责任。

此案很快报到了县检察院批捕科。

然而奇怪的是，检察院批捕科竟以证据不足退回了他们上报的材料。信息传到杨正超那里，他要求调查组继续完善有关证据，再报。可是上报的材料又被退回了。就这样，一晃半年时间过去了，案子毫无进展。想想刘继美一家人正在焦虑与病苦中煎熬着，杨正超感到心烦意乱。他被那些莫名其妙的不正常现象折磨着，他觉得自己有了一个强大的对手，而且这个对手身在暗处，他挥动着拳头却打不到对手。这是他感到最艰难的时刻之一，他甚至不敢再想这个案子，不敢面对哭泣哀求的刘继美的家人。可是，平静下来以后，他又不得不想：难道我们的公民在法律面前竟是那么渺小无助？难道隐形的关系网竟能把法律践踏得一文不值？一个老百姓的一生竟然不如执法者的一念之差重要？本来，他一个纪委书记在那时可以不管这样的事，但是，刘继美绝望和哀求的目光让他震颤，让他揪心，他无法不管。

杨正超再一次震怒了，他在日记中写道："老百姓要一个公道怎么就这么难，一些部门的干部和工作人员对老百姓的生死冷漠得让人痛心啊！"

痛苦震怒之下，杨正超发誓一定要管出个让刘继美满意的结果。他决定把这件事当成自己的事，他要以一个公民的身份代替受害人申诉。

于是，杨正超亲自到市检察院反映情况。

面对正义，面对凛然正气，邪恶最终消遁得无影无踪。案件有了进展：2003年8月7日，相关责任人被依法逮捕。10月16日，肇事责任人被判处有期徒刑，同时，刘继美获得赔偿款11.8万元。

当杨正超将赔偿款亲自送到刘继美的手上时，刘继美痛哭失声。70多岁的老奶奶拉着孙子孙女"扑通"一声跪倒在杨正超的面前，哭着齐声喊"恩人啊！"

那一刻，杨正超流泪了，多好的群众啊，在他们受到不公平对待时，在他们受尽屈辱后，他们没有抱怨，仍然以这种只有对天对地才有的最高礼遇，向他这个共产党的干部下跪。百姓们的心像大海，可以纳百川，只有老百姓的心胸才是最宽广的啊！杨正超眼含热泪，急忙趋前半跪在地上，说："老人家，快起来，下跪的不该是你们，应该是我们领导干部！我们管理下的部门违规违纪给你们造成了伤害，我们领导干部有责任啊！"

杨正超在当天的《民情日记》中欣喜地写道：

刘继美的民事赔偿问题终于解决了，她得到赔偿金11万多元。当我和法院刘院长把钱送到她家中时，全家老小都跪下了。此情此景我有很多感慨，而又无法诉说，也只有默默无语两眼泪……

第二天，刘继美70多岁的老婆婆将平时舍不得吃的鸡蛋收拾收拾，带上自家产的一袋花生，由儿子陪着赶到70多里外的汝南县城，推开了杨正超的门，非要“感谢恩人杨书记”。

当杨正超执意要老人将“礼物”带回去时，老人生气地说：“只能当官的来看老百姓，就不兴俺老百姓来看看你？今天这礼你不收，我老婆子寝食难安呀！”一席话说得大家都笑起来。

其后的日子，这个农家小院又焕发出了一片生机。猪圈里喂着几十头小肥猪，家里收拾得干干净净。刘继美虽然仍坐在轮椅上，但脸上有了笑容，一家人重新燃起了生活的希望。

刘继美的老婆婆逢人就说：“杨书记是个好人，是个好官啊，我们一家人感激杨书记一辈子……”

评论

人民群众把我推到这个位置，我就要尽职。

——杨正超

党员干部尤其是领导干部，手中的权力是人民群众赋予的，在其位谋其政，这是对包括纪检监察干部在内的党员干部最起码的要求。杨正超曾说：“我是一个从农村出来的孩子，如今当上了纪委书记，我这个官，是党的信任；手中的权，是人民给的，我要做一个清清白白、堂堂正正的人！”

在他看来，纪委书记这个位置官位不大责任大，级别不高要求高，只要在这个位置，就要尽职尽责，恪尽职守。对严重腐败问题，他坚持严查重处；对于涉及侵犯群众利益的事，他要求无论大小快查快处。因为查办案件本身就是纪检监察机关的职责，上级有要求，群众有反映，手中有线索，纪检监察机关必须履行职责，纪检监察干部必须尽职。

惩处村霸　伸张正义

2009年8月24日，杨正超正在办公室批阅信访件。突然，门被推开了，两个妇女来到他办公室，一进屋就跪在地上，痛哭不止。

杨正超上前把两人扶起来，给她们倒上茶，一问，来人是郸城县汲冢镇徐寨村村民范成兰和她的女儿。

范成兰用颤抖的双手从口袋里掏出一封信，内心充满冤屈的老人无法用言语诉说，只是老泪纵横。

杨正超请她们先喝水，慢慢讲述心里的委屈。原来，是一起村霸欺压群众的案件。

范成兰老人已经70多岁了，还整天在责任田里劳作。6月的一天，范成兰在自家地里打除草剂，不慎将除草剂喷洒到邻地边的姚某家的玉米苗上，造成部分玉米苗枯死，没想到这一下捅了马蜂窝。姚某在村里是没人敢惹的主，喜欢打打杀杀，村里无人不怕，唯恐避之不及。

范成兰心里清楚这些，因此赶紧上门赔情道歉："大兄弟，你看该赔多少钱，俺赔你钱！"

姚某干脆地说："一棵10块，赔吧！"

范成兰倒吸一口凉气："太贵了吧？这不是讹人吗？"

"就是讹你了，咋啦？"姚某耍起了无赖。

由于范成兰不认这个赔偿价格，二人不欢而散。

2009年7月13日深夜，范成兰正在家睡觉，忽然听到有人砸门。范成兰起身战战兢兢地问："谁呀？半夜三更干啥哩？"

"开门！你这个死老婆子，再不开门给你砸烂！"

范成兰一听吓得打个激灵，她听出打门者是姚某，知道来者不善，说啥也不敢开门。她扒在门缝里往外一看，吓得瘫软在地，姚某手里竟然拿着一把枪！

她随即高喊："救命啊！快来人啊！"凄厉绝望的呼救声划破寂静的夜空，惊醒了周围的邻居，见有人开门，姚某骂骂咧咧地走了。

范成兰吓得和衣而卧，一夜未眠。

第二天早上5点多她就起床了，听到路上有人说话，以为没事了，便打开大门。没想到，姚某迅疾闪进来，手里还拿着昨晚的那把土枪，一进门，就用枪托一下子把范成兰打倒在地，范成兰头上被打了个大口子，然后雨点般的拳脚打在70多岁的老人身上。范成兰被打懵了，还没来得及反应，已被打得浑身是血。

姚某打累了，提着土枪站起身，指着范成兰的鼻子恶狠狠地说："我告诉你，这事不算完！"

范成兰醒过来，挣扎着站起身，她实在想不明白，她和姚某家不仅是邻居，而且还沾亲带故，她实在想不明白姚某为什么对她下如此毒手。她趺趺撞撞地去村干部安生家里，请他给主持公道，姚某见状拿枪追了过去。追到安生家门口，看见范成兰正哭哭啼啼地哭诉，扬手又要打她。

安生见他如此嚣张，生气地说："你们还亲戚哩，为这点小事值当吗？"

姚某拿枪口对着安生："你敢管，我打死你！"

安生只好对范成兰说："你去找支书吧，这事我管不了。"

范成兰只好又去找村支书，姚某追上去对她又是一顿暴打，厮打中范成兰夺下他的枪，扔进了池塘里。姚某骂着说还要回家拿枪："我非崩了你这个老不死的！"

姚某刚走，3名派出所民警就到了，原来是村干部报了警。在支书徐汝勤的带领下，民警就去找姚某，看到警察来了，正在村南头的姚某一头钻进玉米地逃跑了。

范成兰原以为这下有人为她撑腰做主了，就能惩处姚某了。没想到第二天，事情突变。姚某在"高人"指点下，竟然住进了精神病医院。没几日，民警和姚某的亲属一起送姚某到商丘市某精神病医院进行鉴定，一个好端端的人居然成了精神病患者。

范成兰头上的大口子经法医鉴定，构成轻微伤，姚某应承担法律责任，但一张精神病鉴定书竟然让行凶者逍遥法外。

范成兰不服。

她一次次地上访找领导，她不明白："一个村几十年，谁不知道他脑子好使得很，为啥说精神病就精神病了呢？"

但上访没有结果。范成兰绝望了，她躺倒在床上，神志不清，清醒后就以绝食来抗争，孩子们怕出意外，轮流守护着她。

杨正超听后感到气愤难耐，打人本来就不应该，把人打伤了赔偿是天经地义的，一个平常好好的人怎么就成了精神病了？他立即批示郸城县纪委严肃查处，市纪委跟踪督办。

他安慰范成兰："老人家，你放心吧，这事我一定要调查清楚，还你一个公道！"

在杨正超的直接关注下，郸城县纪委由一位副书记牵头组成调查组，市纪委信访室现场督办。很快，事情查清了，由于派出所不按程序取证，致使姚某被错误地鉴定为精神病。派出所长及办案人员受到了党纪处分，打人者姚某被追究刑事责任，正义得到伸张。

后来有一天，得知杨正超在郸城县秋渠乡下访，范成兰叫她儿子跑几十里路过去，专门送一面锦旗表达感激之情。

杨正超说，直接侵犯群众合法权益的案件一定要严查重处，决不能手软，一定要让欺压群众的人知道，百姓是不可欺的！

深入基层调研农村平安建设

评论

常怀忧党之心，恪尽兴党之责，为谋天下苍生百姓之幸福而孜孜以求。

——杨正超

“常怀忧党之心，恪尽兴党之责。”这是党的十七届四中全会面对世情、国情、党情的深刻变化向全体党员提出的基本要求，也是每个党员义不容辞的责任。中国共产党是一个拥有92年辉煌历史、执政64年的先进政党，要想长期执政、永葆先进性，就必须做到居安思危、未雨绸缪，勇于变革、勇于创新，不断推进党的建设。忧党之心不可无。古人云：生于忧患，死于安乐。对一个执政党来说，也要有危机意识，世界上也没有任何一个政党能够一劳永逸地永掌政权。因此，我们必须充分认识党所处的执政环境的严峻性和复杂性，时刻保持清醒的头脑，树立强烈的忧患意识，牢记对党的事业应具有的使命感和责任感。

“民之所忧，我之所思；民之所思，我之所行。”这种忧党忧民的情怀也是每一个共产党员所应具备的情怀。当前，我们的党员队伍状况总体上是好的，广大党员在改革、发展和稳定的各项工作中，干事创业，无私奉献，党员的先进性得到充分体现，但是也存在着一些不容忽视的问题。少数党员干部理想信念动摇、宗旨意识淡薄、知识本领欠缺；部分党员事业心和责任感不强，作风漂浮，脱离群众；一些党的基层组织软弱涣散，缺乏凝聚力和战斗力。凡此种种，无不使我们对党的事业忧心忡忡，从而牢固树立起忧党意识，替党分忧，为党尽责。始终保持与人民群众的血肉联系，是我们党最大的政治优势。党的根基在人民、血脉在人民、力量在人民，兴党必须在固本强基上下功夫。党员干部特别是领导干部要心系群众，以对群众高度负责的精神，坚持立党为公、执政为民，积极践行党的宗旨；要经常深入群众，听民声民意，解民忧民困；要把群众的利益放在首位，真正为群众办实事、谋福利。

为了171户群众的千万元血汗钱

2002年，项城市准备在东方新区搞开发建设。开发之初，搞得热闹隆重，通过各种方式大张旗鼓地宣传，鼓励各界人士踊跃抢购。

由于宣传到位，还没有开发，就有171户交了购买门面、住宅款共计1542.52万元。这171户群众中，有工薪阶层，也有城郊的农民，他们的生活大都不太富裕，都盼望着早日住进新房，过上好日子。

但没想到的是，受项城市招商引资及工业集聚区的影响，东方新区开发一事搁浅了。

时至2009年，在东方新区购买土地的这部分群众既没有得到地皮，又没有得到购地款，群众意见很大，造成多次越级上访。

当地政府也想尽一切办法劝阻，甚至动员与这些购地户有亲戚关系的政府工作人员做工作，有的购地户的子女、亲属在政府机关上班，怕受影响，无奈之下只好出面做工作。

“算了吧，也不是咱一家，就吃个哑巴亏吧，告政府啥时候也告不赢。”

……

7年过去了，政府依然没有给他们一个满意的答复。1000多万元血汗钱就这样不明不白地没了，连个响也没听到。

2009年10月，市委常委、纪委书记杨正超得知情况后，高度重视，亲自接待上访群众，实地走访了解购地户困难情况，充分体察民情，并立即派出调查组，对此事进行调查处理。

周口市纪委调查组进驻项城市后，按照杨正超的统一部署，实事求是地认真调查，短短三周时间问题已经查清。

在此期间，杨正超多次到项城指导督办。2010年1月11日，杨正超又到项城了解进展情况，深入到购地群众家中走访座谈。当他走进购地户王运来家时，王运来“扑通”一声跪在地上，怎么也拉不起来，“杨书记，俺没法活了啊！”

当年，在一家工厂上班的王运来买地时钱不够，还贷了几万元的款，后来钱地两空，妻子气得卧床不起。

2005年，王运来又下了岗，银行又三天两头催要贷款。现在，他只好在街上摆了一个摊，专门给人修自行车，勉强可以吃饱饭。只要一提起这件事，王运来这个大老爷们就止不住地呜呜大哭。

杨正超看在眼里，难受在心里。他组织召开现场会议协调有关问题，并在会上严厉指出：“我们的老百姓付出了7年时间，应该得到的宅基地没有得到，反映了7年，不值得我们深思吗？我们刚才也到了购买宅基地的老百姓家里，我们的老百姓多么通情达理啊！问题反映了7年了，现在只要给他解决，就非常感谢我们，况且要求的很低，把钱退了就行了，你看我们的老百姓多么纯朴，多么理解我们啊，这个时候，我们再不给老百姓解决，我们愧对这些父老乡亲不？愧对这些老百姓不？”“现在通过我们调查组的进驻、调查看，这个事情本身是我们党委和政府做错了，我们党委和政府应该勇敢地面对现实，承担责任，尽快地纠正错误，抓紧时间解决问题，让老百姓应该得到解决的问题及时得到解决”。

杨正超随后责成项城市委、市政府立即成立“项城市解决东方新区问题领导组”，要求项城市财政筹措资金、拨出专款，由纪检、监察、财政、土地、城建、办事处等部门参与配合调查，政府要拿出具体意见，偿还群众购地款以及利息。

在杨正超的高度关注下，从 2010 年 1 月 12 日开始，项城市逐步兑付了群众购地款以及利息，积压 7 年的问题终于得到有效解决。领回购地款的群众无不感慨万千：“如果没有杨书记这样倾心为我们老百姓着想，这事还不知道什么时候能解决。”

1 月 14 日，几位群众代表专门来到市纪委给杨正超送一面上书“心系百姓、关爱民生”的锦旗。

市民王丹运紧紧拉住杨正超的手激动地说：“谢谢杨书记！谢谢杨书记！为我们解决了 7 年的心病，让我们半辈子的积蓄没有打水漂。”

杨正超说：“这是政府的失误，应该由政府来解决，你们的问题不

认真了解群众诉求，维护群众利益

能解决，我心里和你们一样难受，你们挣点钱也不容易，不能让我们群众受到半点损失。”

评论

我们各级干部是人民的公仆，应该在各自的岗位上为人民做好事情。

——杨正超

人民群众是我们的衣食父母、生存之本，离开了人民群众将一无所有。革命战争年代如此，和平建设年代也是如此。人民群众是我们力量的源泉，没有了人民群众，我们将一事无成。但有的领导干部却不明白这个道理，在工作和生活中脱离群众甚至损害群众利益，对人民群众的感情浅了，对上级和老板的感情深了；公仆意识淡了，官本位意识浓了，对人民群众的冷暖疾苦不闻不问，群众意见非常大。一些地方干群关系紧张，究其实质是在对待人民群众的感情和态度这个根本性问题上出了偏差。对一个执政党来说，只有坚持以最广大人民的根本利益为最高标准，不断实现好、维护好、发展好人民群众的利益，才能得到人民的真诚拥护和爱戴。对一个党员干部来说，不论当多大的官，都是人民的公仆、勤务员，只有深怀爱民之心，树立公仆意识，不断增进同人民群众之间的感情，才能真正为人民掌好权、执好政、服好务。转变干部作风，做到立党为公、执政为民，首先要求各级领导干部必须树立公仆意识，关心群众，尊重民意，把党的事业和广大群众紧紧联系在一起，焦裕禄、孔繁森、郑培民等党的优秀干部为我们树立了公仆榜样。

清朝嘉庆年间桂林知府赵慎畛撰写了一副对联：“为政不在言多，须息息从省身克己而出；当官务持大体，思事事皆民生国计所关。”此联意思是说为官从政，要少说空话，多办实事，时时反身自省，做到克己奉公。用今天的话说就是立足岗位，为老百姓服好务，多办实事，多办好事，为百姓谋福利。各级干部要牢固树立公仆意识，深怀爱民之心、恪守为民之责、善谋富民之策、多办利民之事，不断改善党群、干群关系，筑牢党坚实的群众基础。因为是否认真为人民群众解决实际问题，不是一般的工作问题、方法问题，而是十足的政治问题，直接关系到党的执政能力和执政地位。十几年来，杨正超无时无刻不在践行他的信条，始终言行一致，表里如一。

群众利益放心头

因为杨正超心里装着对人民群众的大情大爱，所以老百姓的事他不能不管不顾。也许，受“事不关己，高高挂起”等一些不良风气的影响，许多人为了明哲保身，心也变得越来越冷漠越来越麻木了，根本不可能有什么能触动他们坚硬的内心。在追求个人利益至上者的眼里，杨正超这样做也一定是不合时宜的。可就是这种不合时宜，却让我们看到了一个大写的人，一个侠骨柔情的时代英雄。

“党员领导干部工作上有分工，可为人民服务没有分工”，杨正超常常这样告诫自己。

2006年，发生在安徽界首的一场车祸，夺走了淮阳县赵清功的妻子和两个孩子及侄子的4条生命。赔偿判决下来后，因肇事车辆和肇事人均是沈丘籍，安徽法院委托沈丘法院执行。然而，由于多种原因，沈丘法院长达6年时间没能执行。

2012年8月，杨正超接到群众来信反映此事，他看后心里很不是滋味，立即作出批示，责成沈丘县纪委迅速解决，并先后3次到沈丘督办此案。2012年12月20日，当他把70万元车祸赔偿款亲自送到信访人赵清功家中时，赵的全家感激涕零！事后他说："大家可以在心里想一想，我们的群众难不难、苦不苦，一场悲惨的车祸造成信访人失去4名至亲，好端端的一个家庭突然间就没有了，这种情况下，为要点赔偿费6年奔走求告，整整6年啊！"

2012年12月25日，是杨正超的公开接访日。商水县谭庄镇谭庄村村民王军政夫妇来到市信访大厅，向他反映一件事。2012年年初，他们拆掉了老房子，要在原址上建新房子，但邻居阻挠不让建，邻居家门头势力大，并且孩子在镇政府工作。官司打了近一年毫无进展，至今新房无法开工，大冬天一家人只能寄宿在别人家的过道里。杨正超听后很是气愤："这么一个普通的纠纷，扯皮一年竟解决不了，我们干部的责任心哪里去了？"他立即给商水县纪委负责人打电话安排，一要立即派人解决问题，二要追究镇党委、镇政府不作为的责任，三要照顾好王军政一家的生活，确保严冬有居所。2013年1月4日，杨正超到商水县谭庄镇谭庄村，实地察看了王军政家的宅基地纠纷处理情况，并送去1000元慰问金和棉被等生活用品。王军政全家对处理很满意，对杨书记的关心充满感激。

2010年3月，杨正超在中华龙都网龙都论坛上看到商水县居民屈怀根老两口反映的一个帖子。帖子中说：2000年5月，屈怀根的儿子屈国强和另外一人因交通事故死亡，肇事车辆逃逸。10年来，这起案件在市、县人民法院审理了数十次，不断发回重审。个别公安、司法人员办人情案、金钱案，不作为，乱作为，致使肇事者得不到应有的惩罚，屈怀根老两口得不到任何经济赔偿，不得不承受着老年丧子之痛，踏上了漫长的申诉路途。

看到帖子后，杨正超立即对这起案件作出批示，要求市纪委组织人员了解情况，查清背后的腐败。经过半个月的调查，终于解决了问题。3月17日，他和调查组的同志把20万元赔偿款送到屈怀根的家中，屈怀根老两口失声痛哭，屈怀根的妻子跪在地上不起来。

2011年12月，杨正超在中华龙都网龙都论坛上看到商水县一位80

多岁的老太太因为办户口向商水县民警送礼的帖子，说老太太的户口在派出所统计时给漏报了，至今都没把自己的户口给办好。老太太多次委托亲戚邻居前去派出所给自己补办户口，她亲戚及邻居带着行政村出具的一些证明，跑了多次都没补办成。户籍警说必须让老太太本人过来验证一下真假，有手续也不行，无奈邻居用架子车拉着老太太来到派出所，可户籍警让片警签字，片警不巧那天没上班，老太太只好带着遗憾回到家中。第二天亲戚帮忙拉着老太太再次来到派出所，这次终于见到了片警，可片警不愿意签字，理由是没时间，老太太只有带着悲愤再次回家。回到村后有邻居指点给片警送礼，老太太在本村小卖部买了两条帝豪烟再次坐着架子车前往派出所，在老太太的苦苦哀求和送了两条帝豪烟后，片警终于签字了，可老太太还没如愿通过所长的把关，因为片警的签字占据了所长签字的位置，所长说这个地方是所长签字位置，片警不该在这空格

看望屈怀根夫妇

里签，被退回重新找片警签字。可片警拒绝再次签字，理由是他已签过了，最终老太太礼也送了，户口还是没补办成。看到帖子后杨正超非常愤慨，他立即批示商水县纪委严肃处理，帮助老太太办理手续，并专门抽出时间到老人家中看望，直到最后圆满解决。

杨正超以对老百姓的爱为路标，披荆斩棘，矢志不渝，负重跋涉，奋勇前行。他炽热的胸膛里装着对老百姓的深厚感情，他对老百姓爱得酣畅淋漓、热烈似火、浓烈如酒。他的每一个举动，总能给我们传递温暖的正能量。他的每一个故事，总能赢得饱含敬意的喝彩。

评论

在处理涉及群众利益的问题时，要敢想、敢说、敢谏、敢抓、敢管。

——杨正超

我们党的宗旨是全心全意为人民服务，代表着中国最广大人民的根本利益，因此长期以来得到了人民群众的衷心拥护。但有一些党员干部在处理涉及群众利益的问题时，麻木不仁，患得患失，瞻前顾后，敷衍了事，伤了人民群众的心，损害了党的光辉形象。毛泽东在《反对自由主义》中专门分析了这种现象："见损害群众利益的行为不愤恨，不劝告，不制止，不解释，听之任之。"可谓一语切中要害。

党员干部要树立人民群众的利益至高无上这样一种意识，人民的利益一针一线总关情，群众的冷暖一丝一毫放心间。只有心里装着群众，才能赢得民心；只有你把群众时刻捧在手心，人民才会将你高高举过头顶。时刻把群众的冷暖放在心上，想人民群众之所想，急人民群众之所急，办人民群众之所需，要有扑下身、扎下根、抓在手、踩到底的作风。要敢于碰硬，敢捅"马蜂窝"，绝不能当庸官、太平官，否则就辜负了党和人民群众的期待和厚望。

贴心亲民篇

TIEXIN QINMIN PIAN

做人民群众的贴心人

人民群众是历史的创造者，密切联系群众是我们党最大的政治优势，它维系着我们党的生命和事业，我们要时刻亲近、敬畏人民群众。历史一再告诉我们，我们每一项工作的胜利都是依靠人民群众取得的，离开了人民群众的支持我们的工作就会被动甚至失败。这些历史经验告诫我们，在革命斗争年代，群众工作的本质是密切党群关系，是胜利之源；在社会主义建设时期，群众工作的核心是正确处理人民内部矛盾，是成功之本。我们党作为马克思主义执政党，根基在人民，血脉在人民，力量在人民，因此，我们要同人民保持密切联系，坚持问政于民、问需于民、问计于民；要同人民群众保持血肉联系，做到权为民所用、情为民所系、利为民所谋。在这方面，老一辈革命家给我们作出了榜样。

那么，在新时期怎样才能做到一切为了群众，做人民群众的贴心人？

习近平总书记告诉我们，要始终站在人民群众的立场上，真心为群众着想，全力为群众造福，办好顺民意、解民忧、惠民生的实事，维护好、实现好、发展好最广大人民的根本利益。要以高度的政治责任感扎实做好联系群众、宣传群众、组织群众、服务群众、团结群众的工作，不断提高群众工作水平。

古语云："乐民之乐者，民亦乐其乐；忧民之忧者，民亦忧其忧。"带着感情去工作是基本工作方法，对人民群众的感情是政治责任，对人民群众怀有深厚的感情，是党对每一位干部的要求，也是做好群众工作的前提。只有在思想上尊重群众、在感情上亲近群众，真正与群众融为一体，群众才把你当贴心人，在工作上才会尊重、理解、拥护、支持你。

2011 年 11 月 9 日，光明网刊登文章论述说，我们党与人民群众的关系是鱼和水的关系、血和肉的关系、舟和水的关系、种子和土地的关系、末和根的关系、学生和老师的关系、儿女和父母的关系、仆人和主人的关系、工具和工具使用人的关系。这九种关系决定了我们对人民群众应该有感情、必须有感情，要像对待自己的父母一样，常念养育之恩、深怀感激之情，经常深入群众，主动亲近群众，始终与人民群众同呼吸、共命运、心连心，时刻把群众冷暖安危放在心上，为群众办实事、解难事、做好事，只有这样，才能永远保持党同人民群众的血肉联系。

"水里可以没有鱼，但鱼儿却永远也离不开水。"这是毛泽东同志常用的一个比喻。"鱼失水则死，水失鱼犹为水。"我们常说，人民群众是真正的英雄，人民群众是我们的衣食父母，这些都是历史经验的总结，是颠扑不破的真理。因为我们每一个人都来自人民群众，都是群众的一分子。水能载舟，也能覆舟。群众可亲可敬也可畏，只有对人民群众的认识到位了，定位准确了，才会从内心深处真正把人民群众当主人，把自己当做人民群众的公仆，端正对人民群众的根本态度，与人民群众建立深厚的感情。人民群众是最朴实、最讲感情的，你敬他一尺，他就会敬你一丈；你给他办一件小事，他就会捧给你一颗心。群众心里有座碑，那些真正为人民群众办实事、谋利益、解忧难的党员干部，如焦裕禄、孔繁森、吴天祥、吴金印、杨善洲等，名字会被永远镌刻在心碑上，而且永不磨灭。正如著名诗人臧克家所写的那样："骑在人民头上的／人民把他摔垮／给人民作牛马的／人民永远记住他！”直到今天仍振聋发聩。

一位共产党员，一位党员干部，对人民群众的感情不只是建立在一般的人际关系基础之上，更是我们党的性质和宗旨决定了我们的感情倾向和感情基础。我们党是人民利益的忠实代表，是全心全意为人民服务的组织，是与人民群众血肉相连的共同体，党的一切工作的出发点和落脚点，都体现为更好地服务于人民。对人民群众怀有无限深情，就是对党、对我们的事业怀有无限深情。只有对人民群众充满感情，情为民所系，才能权为民所用、利为民所谋。而有些地方干群关系紧张，归根结底是有些党员干部对人民群众缺乏深厚的感情，甚至伤害人民群众的感情。所以，对人民群众感情的深浅，既可以检验一个党员干部人生境界的高低，也决定着党和政府能否取得人民的真心拥护，要把对人民群众的感情提高到巩固党的执政基础的高度来认识，为党分忧，为民解难，不畏艰险，不避困难，把解决群众的困难作为自己的本职和使命，真心实意地以群众的幸福为自己的幸福，视群众的需要为自己的需要，把群众利益置于个人利益之上，这样，我们党才能赢得人民群众的拥护和支持，我们的事业才能政通人和。

在感情上亲近人民群众，不只是体现在党的大政方针上维护人民群众利益，也不是都去做惊天动地的大事，更不是都要像革命战争年代的仁人志士一样抛头颅、洒热血。更多的是立足于平常，立足于本职工作，在细微之处见精神，去解决关系人民群众切身利益的温饱、冷暖、就业、居住、出行、求医、上学等所谓的“小事”——这些小事对群众来说就是大事——而且做一件“小事”并不难，难的是坚持做这样的“小事”，杨正超不仅做了，而且坚持了下来，他把群众的事当成自己的事，真正做到面对群众的困难不辞劳苦，竭力而为。如果我们的每一位党员干部都这样做，群众就会真正把我们当作一家人，就会真心拥护我们党，支持我们的事业。

杨正超多次强调，各级党员干部一定要认真学习人民群众忠厚、善良、质朴、勤劳的优良品质，一定要记住只有紧紧握住群众的手，群众的心才

与群众零距离话家常

会和我们亲密相连；只有站在群众中间，我们说话才有底气，发展才有效益；一定要按照市委要求，走到群众中去，真心亲民，听民声、办实事，弄清百姓的所想所盼，办好百姓所愿所需办的事情。

他既是这样说的，也是这样做的。

西湾村的二度“回归”

汝河似一条长长的玉带，蜿蜒穿过遂平、西平、上蔡、汝南、平舆、新蔡等县，最后经安徽省注入淮河。千百年来，汝河就这样用自己甘美的乳汁滋润着豫南方圆千里沃野，滋润着她的子民们。“汝南县”就因为位置在汝河之南而得名。

令汝河没有想到的是，因为她的浪漫多情，也给子民们带来了一个小小的麻烦。汝河在她经过的汝南县王岗镇西湾村划了一个大河湾，向西南方向流去。就在这个大河湾的怀抱里，横卧着一个小村庄——西湾。

1969 年，王岗镇在兴修水利时，将河道舍弯取直了，但是当时计划不周，没有给西湾村留出路，这样，新河道和老河道就将西湾村包围了起来。西湾村人外出没有出路了，如果外出，则必须经过那道最窄处也有 40 多米宽的老河道。

若是旱季，水瘦路宽，过河倒也不是什么难事，可是到了汛期，西湾村人就麻烦了，小小的村子四面环水，宛若孤岛，必须使用渡船才能过河外出，西湾人被“困”在一个孤岛上。为此，当地人戏称西湾为“台湾”。

这样的日子一过就是 30 多年。

30多年中，西湾村人为此吃尽了苦头，遭遇了无尽的烦恼。过渡船耽搁时间不说，连打一袋面都得用人力扛过河道去。改革开放后，工农业生产日新月异，许多现代化的生产和交通工具走进了农村，可是西湾人却只能眼巴巴地看着外面精彩的世界，他们只能依然过着日出而作、日落而息的传统生活。

最苦恼的是西湾的小伙子们，哪个姑娘愿意嫁到这个几乎与世隔绝的地方？而姑娘们却都想着往外跑。因此，西湾村同村的通婚率在方圆几百里都是最高的。

时间到了2003年汛期。大雨连续下了10余天，汝河水位暴涨，把西湾村紧紧包围在中间，西湾村的交通彻底被阻断了。

当时，西湾村已经有10几家断炊了，两个孩子生病也无法送医院治疗。在这个关键时候，杨正超来到了西湾村，那也是他第一次来到西湾村。看到茫茫大水，看到大水中孤零零的小村子，杨正超心里很难受，立刻组织人员首先解决村民的生活困难。

他查看了西湾村的地形地貌，感到问题严重。在一次会议上，杨正超谈到西湾村时，这样说："没有出路，这直接影响到人民群众的生产生活问题，再大的困难也要想办法解决西湾村的出路。咱们领导干部工作上有分工，可是为人民服务没有分工，人人有责。"

为了解决西湾村的"出路"问题，在此后的半年时间里，杨正超往返西湾5趟，积极寻找解决问题的办法。

若想解决西湾村面临的问题，并不是件容易的事。不能把这个村子移走，因为村民们的根在这里啊！若是架座桥，似乎也不可能，因为要建一个横跨50余米的大桥，所需要的巨额资金，对他们这样一个偏僻的小村是想也不敢想的事！若是架一座简易铁索桥呢，花费倒是不多，但是不安全，存在隐患，万一出了事故，那可是人命关天哪！

怎么办？真不是一件容易的事啊！杨正超苦苦思索着。

2004年春节前夕，到农村访贫问苦的杨正超又一次来到这个等待“回归”的地方。听着老人们谈西湾村的苦处，与年轻人聊着他们的不安和梦想，杨正超不禁愁上眉头。他站在西湾的村头，望着大片的河滩愣愣出神；他站在汝河的岸边，遥看西湾，好像倾听着这个孤独的老人诉说着心中的悲苦。杨正超的心里沉甸甸的。

“即使有再大的困难，也要想办法解决西湾的出路问题，我们共产党执政的大家庭不能丢下西湾这个成员啊！”杨正超一遍又一遍地对自己、对镇负责人、对村委、对西湾的父老乡亲们重复着这句话。

杨正超的“痴情”，终于感动了了解西湾的每一个人。

“没钱，咱有的是力气啊！”有人这样建议，“可以在河滩上打一个大坝，不就成了路了吗？”

这个建议倒是不错，被干部和村民们所广泛接受。杨正超也觉得这个建议可行，于是力主推举，找有关部门进行规划设计。

破土动工那天，杨正超筹集资金请来了施工队和推土机。镇党委、政府成立了施工指挥部，主要领导坐镇指挥。

村两委干部来了，西湾的村民更是全体出动，邻村的村民也来了，他们也要为西湾“回归”出把力。

杨正超望着这热火朝天的场面，感慨地对乡镇负责人说：“多好的干部群众啊！只要我们是真心为他们着想，何止一呼百应啊！”

2004年4月20日，一座西湾人梦中的大坝赫然横卧在老河滩上。当大坝通车时，人群中一个沙哑的声音喊出了一句“共产党万岁！”霎时，“共产党万岁”的声音如山呼海啸般响起。那是一个何等真实又何等感人的画面啊！

民心、民意、民情，历朝历代，谁真正读懂了这六个字，谁就可以稳坐江山，概莫能外。

一位老人激动得泪流满面地说，35年了，这是35年来第一次这样喊，这是俺们的心声，不这样喊出来，不能表达俺们的心情。

另一位老人蹒跚着，在散发着新鲜泥土气息的大坝上，走了一个来回又一个来回，久久不肯离去，嘴里不住地说着："多亏了杨书记啊！多亏了杨书记啊！"

是啊，西湾人多少年的梦想，在杨正超书记的关心下终于实现了。

那一天，是西湾人最热闹的一天；那一夜，是西湾人的不眠之夜。从此，西湾也和外面的世界连通了，也和外面的世界一样精彩了。

"什么时候，咱也买一辆四轮车，在责任田里扬眉吐气。"

"哪一天，咱从大坝的那一端骑回一辆崭新的摩托车。"

"选个好日子，用小轿车将新娘子接回来，当然不能忘记请杨书记来喝杯喜酒。"

……

村民们兴奋地你一句我一句地描绘着美好的前景。

梦，在西湾人的心里氤氲着。

有关西湾村的出路，杨正超在民情日记中多有记载，其中有几篇这样记道：

2004年3月26日：王岗镇西湾村因汝河改道四面环水，没有出路，给全村的生产、生活带来很大的困难。偶然的机会，下乡调研看到了这个情况，听着一个个村民无奈的诉说，看着村民们一张张渴盼解决问题的面孔，我想无论如何要解决这个问题，群众有困难不靠我们又靠谁呢？

2004年5月6日：西湾村的大坝终于建成完工了。竣工这天，村民们死活要让我去。看着乡亲们心喜若狂的情景，我又是高兴，又是难过。35年哪！他们做梦都想有一条来去自由的出路。我真后悔我知道的时间太晚了。

"共产党有这样的好干部，就永远有希望。"

"看到杨书记，俺就知道'三个代表'代表了啥！"

事情虽然过去很久了，当地的人们仍然议论着这样的话语，这是当地群众的语言，也是他们的心声。没有什么语言比群众的话语更朴实，也没有什么礼物比群众的赞誉更珍贵。

评论

真心了解农民，真诚贴近农民，真情服务农民。

——杨正超

我们党的革命道路是农村包围城市，农村也是我党我军的传统根据地，可以说是农民哺育了我们党成长并发展壮大。我们党员干部队伍中的大多数同志都是出身农家、来自农村，有的祖辈是农民，无论于党于个人，都应该对农民怀有着深厚的感情。这是我们革命事业的“本”，失去了农民的支持，我们的革命建设事业就变成了无本之木，所以这个“本”任何时候都不能忘，忘本就意味着背叛，这是原则问题，心里必须明白，头脑必须清醒。只有像爱自己的父母一样爱农民，时时处处为农民着想，为农民做实事、办好事，才是为官之道，农民群众才会拥护你。

真心了解农民，就是要知道无论是战争年代还是建设时期，农民都作出了巨大的贡献，要认识到农民是中华民族精神、传统美德的传承者，农民勤劳、诚信、朴实、重感情、讲大局、乐奉献，你帮他办一件好事，他感恩你一辈子。我们要多了解农民，多想想农民为我们付出了多少，而我们应该为农民做点什么。要看到农民仍是困难群体，农民仍然是身份上处于低端、社会上处于底层、经济上处于弱势的群体，需要我们的扶助。

真诚贴近农民，就是要在思想上树立“农民利益无小事”的观念，真正做到心里装着农民，遇事想着农民，工作依靠农民。在行动上，要深入到村、深入到户，倾听农民呼声，掌握农民群众的思想动态，知道他们盼什么、想什么，以此校正我们工作上的不足和失误。

真情服务农民，就是要摸清农村生活困难的老、弱、病、残、孤、灾等农民情况，把他们放在心上，捧在手上，摆在桌上，及时给予帮助，从实际出发，创造性地解决他们的困难，使他们安居乐业。目前，农村“饮水难、行路难、读书难、看病难、养老难”等民生问题仍非常普遍，对这些问题要一项一项地给予解决；要帮助农民寻求致富门路，指导农民发展生产，尽快富裕起来。要立足农民需求，逐步拓展干部服务范围，切实提高服务农民的质量和效率，确保达到农民满意的效果。

四年真心帮扶情

扶沟县固城乡姜岗村是一个偏僻的村庄，由于种种原因，前些年经济发展缓慢，村容村貌差，群众收入不高，在方圆十几里是个出了名的后进村。

为帮助姜岗村改变落后面貌，2009年3月，根据市委安排，市纪委确定姜岗村为学习实践科学发展观活动和“做党的忠诚卫士、当群众的贴心人”活动联系点，积极开展帮扶工作。

群众生活怎么样？怎样才能帮助姜岗改变现状？帮扶工作一开始，杨正超就一直在思考着这些问题。为此，2009年4月16日，他来到姜岗村，走村串户调研，了解民生疾苦，决心通过帮扶，切实改善群众的生产生活条件，改变姜岗村的落后面貌。

为此，杨正超把自己当作姜岗村的一员，积极制订计划，调研市场，多方奔走，协调资金，力争通过几年帮扶，“让群众病有所医、老有所养、住有所居、学有所教……这就是我们的目标。”杨正超说。他经常带领帮扶工作组到姜岗查看，和群众拉家常，帮助姜岗村“两委”班子查找阻碍该村发展的症结。

杨正超了解到姜岗村群众有种植蔬菜的传统，就鼓励乡亲们积极发展无公害蔬菜和反季节蔬菜，依靠科技发家致富。经过实地调研，杨正超亲自为姜岗村制定了发展规划：建好基础设施，切实改善群众生活条件；发展棚菜生产，建好“菜园子”，鼓起钱袋子。

帮扶工作开展以来，市纪委通过多方协调资金，先后投资50多万元，新修下水道3000米，整修下水道2500米，设计修建水冲式公厕两座；投资20多万元，在村主干道栽种了法桐、复叶槭、辛夷等品种景观树650多棵；投资20多万元，实施亮化工程，在各主街道和小街道安装路灯114盏。

在杨正超的协调下，还先后为姜岗村争取土地整理项目资金470多万元，修缮了田间道路，疏通了沟渠，架设了电缆，为大棚蔬菜生产奠定基础。帮扶姜岗村4年来，市纪委先后出面为村民协调、担保贴息贷款近20万元，帮助种植户扩大种植规模。截至目前，该村已经发展日光温室260亩、巨型棚1100多亩、露地菜2400多亩，全村年人均纯收入达到6000多元。

如今，通往姜岗村的乡村公路两侧是连片的日光温室和巨型棚，有上

了解调整产业结构情况，探讨群众增收途径

千亩之多，连成了一片白色的海洋，蔚为壮观。菜农们说，没有杨书记，就没有这上千亩的蔬菜大棚，真的要感谢杨书记！原来，第一年发展蔬菜大棚就遭遇了挫折，是杨书记帮他们挽回了损失。

2009年11月16日夜，下了整整一夜大雪，由于缺乏防护措施，很多菜棚被压垮，给姜岗村的棚菜种植户带来了巨大损失。由于保温措施不到位，菜棚里正在茁壮成长的黄瓜苗也在一夜之间枯萎，菜农们的投资和辛劳都化为乌有。眼看着辛辛苦苦种的蔬菜一夜之间被无情的风雪摧毁，菜农欲哭无泪。

第二天一大早，棚菜种植户朱志根刚起床，正在冰天雪地里望着被风雪压塌的大棚发呆，远远看见杨书记一行正逐个查看大棚灾情，老朱再也控制不住眼里的泪水，"金豆子"啪啪往下掉。杨正超拉着朱志根走进地里，弯腰拨开积雪，察看灾情。杨正超和随行的农业科技人员一起帮助朱志根分析市场行情，讲解蔬菜生产的规律，并劝慰他不要被眼前的困难吓倒，虽然黄瓜秧苗被毁坏，但还可以重新修建大棚，种植早春西葫芦、芹菜，把雪灾造成的损失追回来。杨正超当即要求有关部门全力帮助菜农搞好生产自救，在资金、技术等方面给予最大限度的支持，力争将风雪天气造成的经济损失降到最低。

"当时大雪刚停，气温非常低，厚厚的积雪上一步一个深深的脚印。杨书记来的时候，有些人甚至还没有起床，真的没有想到杨书记会这么早来看我们，正是杨书记的到来给了我们开展生产自救的勇气和信心。"通过市纪委的帮助，老朱从银行贷款筹集资金，请来技术员，将菜棚整修一新，种上了早春西葫芦。第二年春，他种植的西葫芦提前上市，卖上了好价钱。

如今朱志根的巨型棚已经发展到30多亩。前一年冬季种植的大棚黄瓜价钱很好，加上秋季茄子、辣椒的价钱也不错，净利润达到每亩1.5万元。老朱说，在最困难、临近绝望的时候，是杨书记给了我们重新站起来的勇气，要不是杨书记和市纪委的同志们，这附近的棚菜种植户恐怕都已经被打垮了，哪还有今天千亩连片的大棚?

68岁的张秀莲是姜岗村三组村民，因为患有胆结石，她做过三次手术，但体内的结石越来越多，甚至连胆管都被堵塞。杨正超了解到这一情况后，多次到她的家中探望，并且送来慰问品和慰问金。有群众反映，结石病都和饮水的水质有关系，别的村都吃上了自来水，可姜岗的群众还在使用简易的压水井，吃的是没有经过处理的地下水，给全村人民的健康带来很大危害。杨正超当即要求把群众的饮水安全当作一项重要的事情来解决。在杨正超和市纪委的协调下，2010年春天，姜岗村500多户人家顺利通上了自来水。

张秀莲这些普通群众，因为生活困难而成为杨正超心中难舍的牵挂。每逢天气突变、逢年过节，杨正超总是牵挂着他们的生活。4年来，杨正超先后到姜岗调研近20次，仅2009年就来了8次，可以说他和这里的群众结下了不解之缘。

如今，“老大难”姜岗村发生了翻天覆地的变化。一条平坦笔直的柏油路直通村口，沿街的文化长廊和风景树让人感觉到这个村庄很整洁宜居。走进村里，整洁的村容、平坦的道路和村民们安居乐业的景象，让人神清气爽。村民们说：“都是杨正超书记和市纪委来我们村帮扶改变了这里的面貌。”

姜岗村卫生室是村口的标志性建筑。卫生室里有防病宣传室、输液室、治疗室、注射室，医疗设备一应俱全。村医姜景兰以前行医是在自己家里，打针、诊断治疗都在一个房间，不太符合行医条件。市纪委帮忙建成了现在这个在十里八村条件都算是一流的卫生室，帮群众实现了病有所医。

走进姜岗小学，洁净的校园让人耳目清新。校长张东来说，以前学校院墙低矮，房屋破旧，有几间教室屋顶露着天，一到雨天，就上不成课，老师不愿意在这里教，学生也不愿意到这里来上学，生源流失严重。帮扶工作开展以来，杨书记非常重视教育环境的改善，多次协调有关部门，帮助学校修缮了教室、重修了围墙、新建了教师办公室、硬化了校园地面、添置了体育器材。“如今，姜岗小学无论是硬件设施上，还是教学质量上，都不比城里小学差。”村民们兴奋地说，全村适龄儿童也实现了学有所教。

说起村里近年来的变化，常年在外务工的村民姜建波非常激动：“每次从外地回来，村里都会有新变化，有时候都怀疑自己走错路了。听说这村里的路、绿化、路灯和文化长廊，都是杨书记和市纪委的同志帮忙修的，真是太感谢他们了。”

后来，按照市委安排，市纪委不再把姜岗村作为联系点。2012 年 12 月 13 日上午，杨正超再次回到姜岗村，看望慰问干部群众并和他们依依话别。杨正超走进村卫生室，了解群众就医情况；走上街头，再一次看看这里的花草树木；走进棚菜地，再一次嘱咐菜农们努力搞好蔬菜生产，打造姜岗村自己的蔬菜品牌。听说杨书记这次是来话别的，村干部和群众挤满了在村委大院，争先恐后向杨书记汇报自己的生产成果和生活情况。

蹲在田间地头了解民情民意

临别之际，姜岗村老少无不伤感洒泪，杨正超也眼含热泪，用几句话由衷地表达了他对姜岗乡亲们的深情厚谊："相聚又分手，紧跟亲人走，千言万语涌心头，泪水心中流；相聚又分手，亲情一路留，小康路上再聚首，美丽家园候。"

评论

我一定要帮帮这些贫困的村子，帮帮这些贫苦的群众。要让这些贫困村尽快赶上时代发展的步伐，让有困难的老百姓多享受到党的温暖。

——杨正超

杨正超同志从汝南县踏上纪检监察工作岗位，后来到驻马店、周口工作，他所工作的地方大都经济不发达，尤其是农村地区经济更为落后，农村的贫苦群众还很多，他们有的尚未脱贫，有的刚刚脱贫，有的因病返贫，生活水平还很低。诚然，导致他们贫困的原因有很多，但无论何种原因，他们都是我们纯朴善良的群众，是和我们血肉相连的亲人，我们党和政府都不能忘记他们，都有责任帮助他们改善生活状况，提高生活水平，享受到党的温暖，享受改革开放的发展成果。更何况，有的农村地区在革命战争年代是老区，为我们的革命事业作出了很大贡献，我们更没有理由忘记他们。

解决黄桥乡西湖村内涝问题

每年夏季汛期，西华县黄桥乡西湖村村支书刘志林都愁眉紧锁，坐在门槛上望着天空，祈祷老天爷能少下点雨。包括他家责任田在内的3万多亩责任田由于地势低洼，每到夏季下大雨时都要受涝灾，庄稼地一片汪洋，减产自不必说，有时甚至连种子都赔进去。

又到一年夏季，这几天刘志林一直焦虑不安，天气预报未来几天还有中到大雨。如果再下雨，当年3万多亩地的收成又要打水漂了，全村老少的口粮从何而来？

和刘志林有一样忧虑的村民远不止他一人。西湖、东湖、孙庄三个行政村的几万亩责任田都处于洼地，每年基本都是望天收。看地里指望不上，附近村的村民纷纷外出打工，村里只有老人和孩子，几乎成了空心村。

一天，西湖村地势低洼的责任田边出现了一个中年人的身影，他仔细观察地形地貌，查看庄稼的长势，踱着步徘徊、思索，眉头打成了一个结。

原来，这是周口市委常委、纪委书记杨正超下乡走访来了。

2009年7月2日，杨正超到西华县黄桥乡走访时，听到当地干部群众反映黄桥乡西湖、东湖、孙庄三个行政村因自然地势呈锅底状，每年到汛期都要受灾，夏季雨水大时甚至庄稼颗粒无收，群众为此吃尽了苦头。多年来人民群众、乡政府、县乡人大代表屡次向上级反映也没有解决。

杨正超立即到这几个村现场察访，听取群众意见和建议。眼前的情景让他难以平静。这一片村庄在颍河北边，由于长年泥沙淤积，河底比村庄还要高，十几个村庄、几万亩地的水根本排不到河里，夏季雨水大时有的村庄水一人多深，不仅庄稼颗粒无收，连群众的生命财产也没有保障。

“这是关系到十几个村庄、几万群众生产生活的大事啊！不解决实在是太不应该了！”杨正超看后忧心忡忡地说。但这么迫切需要解决的问题，这么多年却一拖再拖不能解决，说明存在的困难肯定不小，但他既然知道了，就要想办法解决。

刘志林说：“杨书记一听就急了，吩咐随行人员，今天晚上就回去协调有关部门。为了这个工程，杨书记前后总共来了 5 趟。”

杨正超看在眼里，急在心里：“我一定要管管这事。”他立即召集市、县、乡有关部门研究解决办法，亲自召集水利技术人员进行科学论证，亲自过问、亲自协调，多方筹措资金，决定投资 250 多万元在三个村南、颍河北岸建一座提灌站，从根本上解决几个村受灾现状。

11 月 27 日，杨正超顶着凛冽的寒风又一次来到提灌站建设工地，“工程施工进度怎么样啊，有什么困难没有？”这位西湖村的老朋友十分关心提灌站什么时间能建成造福百姓。工程现场的当地群众对这位老朋友嘘寒问暖，目光中透露着尊敬和感激，因为没有这位老朋友就没有这座提灌站，没有提灌站西湖村和周边几个村的村民就要饱受涝灾之苦。

西湖村支书刘志林流着泪说：“告别‘水窝子’，过上好日子，全靠杨书记。”西湖村的群众亲切地称他为“为民书记”。

提灌站主体工程完工时，杨正超又来到建设工地，当地群众发出了

杨正超多次来到提灌站施工现场了解工程进度

经久不息的掌声。

“以前老百姓都说我们这儿是‘青蛙尿一下就能淹到腰’，庄稼在汛期颗粒无收，等提灌站建好了，农业生产肯定立马火起来，群众的生产生活都能得到改善。我们正琢磨着给提灌站起个好名字，感谢咱的好书记啊！”西湖村支书刘志林笑道，困扰了他几十年的烦恼也一扫而光。

一位老人含着激动的泪水，紧紧拉住杨正超的手说：“多少年都想办的事呀！杨书记帮俺办成了，老少爷们忘不了您啊！”

大地无言，万物诠释其厚重；大爱无言，民心诠释其深沉。

评论

在群众的心里，你为他们做点事，他们就视你为他们的“贴心人”。

——杨正超

在内乡县衙参观时，导游讲了这样一个故事。

浙江绍兴人章炳焘，于清光绪十八年即公元1892年由中央工部调任内乡任知县，任期长达九年，是内乡任期时间最长的知县。县志记载章炳焘在内乡任职期间非常勤政，每逢灾害发生他总是亲自下乡查看灾情，及时呈报，请求减轻农民赋税；对命盗案件，总是亲临现场勘查，甚至微服私访；每逢放告日他必坐大堂接状审案，多在大堂前审理一般民事案件。

光绪二十六年，章炳焘调离内乡，到河南省中牟、临颍两县继续担任知县，因在临颍县为兴办县学、工艺场捐款，损害了当地豪绅富商的利益，他们就以侵吞公款的名义上诉于河南巡府，一年半后章炳焘被撤职，但他没有回浙江老家，而是寓居开封。后因生活困难，他曾带着女儿来到昔日为官的内乡县筹款度日。内乡百姓闻听章知县回来的消息，一传十、十传百，纷纷慷慨解囊相助，年逾花甲的章炳焘老泪纵横，女儿下跪致谢。当时内乡流传着一首民谣：“世上有水就有山，人间有民必有官。百姓心里有杆秤，捐款助济章知县。”

老百姓是最容易知足的。晚清的一个官僚用一颗爱民之心对待百姓，离任多年后竟然还能受到原任地老百姓的爱戴，在封建社会不能不说是一个奇迹。但想想也是必然的，因为他在任时为民办实事，解民难，排民忧，人民就记住了他，就视他为老百姓的“父母官”、“保护神”，老百姓的心里立起了一座无形的碑。

在现代也是一样，为民办实事的干部永远最受人民群众爱戴。焦裕禄同志生前辛勤操劳，带领兰考人民治沙排涝，为改变兰考的落后面貌，他在身患肝癌的情况下，与全县干部群众一起同自然灾害进行顽强的斗争，改变了兰考的面貌，被誉为“县委书记的榜样”。焦裕禄同志逝世后，兰考人民为了缅怀他，专门为他建立了兰考焦裕禄纪念园，以供人们来凭吊祭拜，每天自发前来参观瞻仰的人络绎不绝，他的英名也永远铭刻、长存在兰考人民心中，世世代代不忘记。

情系黄寨小学教学楼

有一天，快到中午了，杨正超忽然想起那天是新世纪的第一个教师节，应该到村小学去看看，慰问一下那些辛勤耕耘在农村教育第一线的老师们。

杨正超到黄寨村已经很多次了，那是他帮扶的对象。每次去，他只顾着和日光蔬菜大棚打交道，只顾着让农民早日走到富裕的道路上去，想让农民早日在经济上翻身，竟把教师节这么重要的事给忘了，实在是不应该啊。

这么想着，他的心里便有点自责的意思。

黄寨村小学离村委会 3 里多地，是 20 多年前全村父老乡亲用粮食、鸡蛋、菜油“兑”出来的一所学校，条件相当简陋。杨正超赶到学校时，学生已经放学了。举目望去，偌大个校园就像一处多年没有香火的破败苍凉的庙宇，冷冷清清地伫立在一片不毛之地上。

杨正超在一间缺窗少门的教室前站下，心情沉重地打量着里面的一切。教室里空无一人，静得让人发凉。这就是黄寨村的孩子们上学的地方吗？他不敢往下想。脱落得斑斑驳驳的墙壁，破烂不堪的课桌，两条腿抑或三条腿的凳子，在他面前组成了一幅惨不忍睹的画面。再环视整个校园，8 间教室中有 5 间是“呲牙咧嘴”的危房，20 多名教师挤在两间阴暗潮湿的屋子里办公。

杨正超暗暗叹了一口气，慢慢踱着步。

也许，当初建校的时候资金短缺，施工因陋就简，如今那 5 间被定为危房的教室墙壁都裂出了大缝。从缝里，学生们就可以把外面的一切看得一清二楚。校园东北角那间教室最为危险，整个山墙两边从上到下一直裂到基础处，最宽的地方有一寸多长，墙体向外扛着。屋外，他们用一根木杆紧紧顶在墙的中间，随时都有倒塌的可能。

杨正超看到这些，心里顿时沉重起来，甚至可以说有心惊肉跳的感觉。这样的教室，还能上课吗？

正看着，校长闻讯出来了。

“这房子还能用吗？万一砸坏学生怎么办？”杨正超指着一条大裂缝问同行的村支书。

“县里来检查后，早就不让用了，可是村里没钱建新房，学生还得上学，咋弄呢？”村支书一脸的无奈。

杨正超向校长询问了一些情况。校长告诉他，我国目前教育管理体制是分级管理，村办学校没有专项资金用于校舍维修，因此，村办学校只有望“房”兴叹，等村里财政状况好转，才可能谈得上改变。这些年来，国家一直强调不让增加农民提留，不让增加农民负担，而村里又没有什么像样的经济来源，没有钱啥事也办不成。前几年，村里曾经设想让大家集资建校，结果一算账，建一幢最省钱的两层教学楼也得 20 多万元。黄寨村有 1000 多口人，每人要摊 200 多元，大多数农户都承受不了，这事也就不了了之。

从学校回村后，一连几日，杨正超都想着那所学校，即使睡觉，也时不时在睡梦中惊醒。

黄寨村办学校成了他的一块心病。他在日记中写道：

2001年11月5日：到黄寨村调研，看到孩子们在透风漏雨的危房里读书，我感到很不安。眼看冬季来了，如何来解决这个问题呢？再苦不能苦孩子，再难办也得想办法，这也是我们义不容辞的责任呀！

回到县里，杨正超办的第一件事，就是召开机关全体人员动员会。会上，他说："让黄寨村的孩子们在那样的险房里上课我睡不着觉啊。"他拿出1000元交给办公室的同志，对大家说："给黄寨村的孩子们凑份子，从我开始，人人有份。"

但是，仅仅靠机关干部们的捐款是远远不够的。在随后的几天里，杨正超找了县里几个有些经济实力的单位去"化缘"。那些单位的"当家人"听完杨正超充满感情的诉说，大家的同情心不约而同地被强烈地唤起，他们对杨正超的义举充满敬佩之情。于是，少则三千五千，多则万儿八千的捐款一笔笔落实到"账"，其中一家单位还承诺，等教学楼建好后，再支援一批新桌椅。

在杨正超的奔波下，不到一个星期，用于黄寨小学建教学楼的20多万元全部到位。

杨正超感到由衷的高兴，有这么多人的热情关心、帮助困境中的农村孩子，我们的事业有希望，我们的教育一定会兴旺发达。

当杨正超和同志们一起，把捐款全部送到黄寨小学时，村支书用颤抖的双手接过这笔捐款，泪水竟夺眶而出："托杨书记的福，托共产党的福，俺村的孩子从今以后再也不用担惊受怕了，再也不淋雨受冻了……"

教学楼工程破土动工那天，黄寨小学的师生和闻讯赶来的几百名村民参加了奠基仪式。有人送来了木料，有人送来了水泥，40多名"泥瓦匠"义务参加了建校施工。

当主持奠基仪式的黄寨村党支部书记刚刚宣读完长长的一串为黄寨小学捐款的单位和个人名单，会场立刻响起了雷鸣般的掌声。孩子们激动得欢呼雀跃，不停地拍着小手，把深深的感激之情全部汇聚在这经久不息的掌声中了。

杨正超看着那么多激动的小学生，眼睛情不自禁地湿润了。

这一切，来之不易啊！

当天，杨正超又在日记中这样写道：

2001 年 11 月 26 日：黄寨小学教学楼今天举行奠基仪式。黄寨村的村民及全体师生都来了，有的群众说："给咱们杨书记的名字刻在碑上，让我们永远记住这样的好书记。"有的群众见到我就说："感谢杨书记！"在一片赞扬声中，我没有飘飘然，反而多了一些沉重。我在想，全县还有多少个村办小学的基础设施需要建设……"再穷不能穷教育，再苦不能苦孩子"，要真正落实起来，确实很难很难……

评论

如果我们每一个党员干部都能真心实意、尽职尽责地为群众办事，我们的党一定会永远得到人民群众的信任与拥护！我们国家何愁不长治久安！

——杨正超

翻看《一个纪委书记的民情日记》，多次看到杨正超这样的慨叹，如："如果我们的各级党组织、政府及党员干部都能尽好自己的职责，把群众的冷暖放到心上，解决好关系群众切身利益的问题的话，群众能不由衷地拥护我们吗？又何愁换不来基层的稳定和发展呢？"

诚然，当前的环境和空气还不是很清新，还有很多得过且过、做一天和尚撞一天钟的党员干部。他们胸无大志、尸位素餐，把工作当饭碗，拿着人民群众的俸禄，心里没有党的事业，没有百姓冷暖，没有群众疾苦，对来办事的群众爱理不理、踢来踢去，党员的使命、干部的职责全都抛在了脑后。但在遇到提拔、评先、晋职等机会时，则跑路子、找门子、送票子、谋位子，无所不用其极。而杨正超"先天下之忧而忧，后天下之乐而乐"的胸怀，让这些党员干部自惭形秽。

作为党的纪检监察干部，虽工作在基层，但能把工作当事业，眼光高远，深谋远虑，考虑党的事业兴衰，考虑民族的复兴，这种精神境界，是那些庸碌无为、麻木不仁的党员干部所不能企及的。因此，也就不难理解为什么杨正超能得到上级的好评、得到群众的爱戴了。

一面沉甸甸的锦旗

2009年7月1日，正当人们眷恋着夏日清晨那一丝凉意，庆祝党的生日之际，一阵噼噼啪啪的鞭炮声打破了商水县委大院那份晨曦中的宁静，只见一位满头白发，面带微笑的七旬老人，手持一面写着“人民群众的贴心人”的锦旗向县纪委走来。商水县纪委几位领导干部热情地把他迎接到办公室，老人紧握着纪委领导的手热泪盈眶激动地说：“感谢市纪委杨正超书记，感谢商水县纪委领导，你们真是俺老百姓的贴心人呀……”

事情的起因是这样的。

商水县白寺镇火烧楼行政村八组村民刘艳伟和本组村民王秀格因宅基地发生纠纷，本来刘艳伟持有这片宅基地的宅基证，但王秀格却不让其建房。而刘艳伟正值找对象之时，因无法建房，虽家庭条件和个人条件都可以，却自此没能找到合适的对象，此事经乡村干部多次调解未果。

2007年12月，刘艳伟委托其爷爷刘书伦把王秀格起诉到商水县人民法院。2008年5月11日，商水县人民法院对此事进行了判决，刘艳伟胜诉，该宅基地归属刘艳伟所有。因王秀格丈夫已病故，3个孩子年龄小，家庭条件十分困难，王秀格又坚决不让此片宅基地，致使法院判决不能落实。后经法院两次强制执行，但因王秀格家庭情况特殊导致法院执行不彻底。刘艳伟家胜诉后不但不能得到本应属于自己的宅基地，反而支付了法院诉讼费、执行费等 2900 元。

时至一年，眼看此事经多方处理无望，无奈之下刘书伦想到了新来的市纪委书记杨正超，便把此事反映到了杨正超书记那里。杨书记对此事非常重视，立即作出批示，转商水县纪委处理，并多次亲自过问此事。

2009 年 5 月 31 日，商水县纪委接到杨正超批示的信件后，随即成立了调查组，即日对该信件反映情况展开调查。

虽时值初夏，天气炎热，但调查组的同志不分昼夜，加班加点、走乡串户进行调查取证。经过一个星期的努力，案情终于调查清楚，并为刘艳伟追回了 2900 元损失。

2009 年 6 月 25 日，商水县纪委书记陶卫东带领调查组人员把 2900 元现金送至刘艳伟家人手中，并通过乡、村两级干部做工作，为刘艳伟在本村另找了一片宅基地，圆满解决了问题。刘书伦全家对商水县纪委的处理表示非常满意。为表示这份谢意，特制一面锦旗，向人民群众的贴心人杨正超表示感谢。

从刘书伦老人处得知，目前，因宅基地纠纷化解，其孙子刘艳伟已找到其本人及全家都非常满意的对象，现在一家人愉快而幸福，并且正在准备为刘艳伟操办婚事。

此事虽小，但真切反映了杨正超书记对群众利益无小事的诠释，深刻体现了杨正超书记亲民、爱民、敬民的赤子情怀。

评论

老百姓最可亲、最可敬、最可怜也最可爱，作为党的干部，就应该为老百姓踏踏实实地做点事儿，帮群众一把。

——杨正超

杨正超曾说，中国几千年的封建统治让老百姓对不平之事习惯于克制和忍让，但超过了一定的限度他们就要说话，就要上访。他们之所以还想到上访，说明他们还相信党，相信我们，相信这社会并不黑暗，还有人民群众说话的地方。其实，老百姓是最勤劳、最善良、最守纪律的，他们对为官者的要求并不高，只要为官者是个清官，能为老百姓做点好事、实事就心满意足了，他们并不要求额外的恩赐，甚至有时候只是为了讨回属于自己的公道而已。因此，领导干部应努力做清官、办实事、留好名。

杨正超时刻怀着一颗火热的心，为人民群众送去温暖和光明。群众有困难找到杨正超的时候，他管；群众有困难没有找到他的时候，只要他知道了，无论多忙，他也要管。很多人对此不理解，认为多一事不如少一事，而且有些事管起来挺麻烦，还得罪人，况且作为纪委书记不管这样的事别人也无话可说。可是，正因为杨正超心里装着老百姓，所以他说，遇到老百姓有难如果睁一只眼闭一只眼的话，就等于自己做了对不起老百姓的事，就会睡不着觉、吃不下饭。为了让自己心里舒服一点，多年来，无论从哪种渠道知道老百姓有难，他都会伸出手来，无私地给予帮助。

敬民如父母　干群一家亲

2008 年 9 月，杨正超调任周口市委常委、纪委书记。这是一个有着千万人口的农业大市，经济发展相对滞后，越级上访连续几年在全省居高不下，重访问题突出。

上任的第二天，他就开始“下访”找问题。截至 2009 年年末，他走遍全市 10 个县市区的乡、镇、街道办事处，走访 30 多个市直单位。在他的主持下，周口市纪委查处案件 1200 多起，党纪政纪处分 1246 人，其中查处县处级干部 23 人，同比上升 43%，通过查办案件为国家挽回经济损失 7.89 亿元，在全市掀起一股强劲的“廉政风暴”。

“老百姓心中有了委屈，背后必然有干部的不作为，甚至有腐败问题。我们不能让老百姓憋着气过日子啊！”在杨正超的眼里，群众反映的热点问题，就是纪检监察工作的重点。

杨正超推出的基层走访、亲自接访、乡村下访、网上接访、驻村帮扶等一系列举措，使他能更好地从人民群众中来，到人民群众中去，深入了解民众疾苦，随时随地准备为民解忧、为民排难、为民谋福。这正是杨正超亲民敬民观的充分体现。

杨正超对工作有火一样的热情，源于他对群众有一颗炙热的心。当看到群众省吃俭用的钱花到上访上，误工又耗时，他十分心痛，提议作为纪委的干部，要变群众上访为干部下访，主动到群众中去，把群众的难题就地解决。他说："老百姓从牙缝里省点钱却花在上访的路上，我们当领导的怎能心安？群众能到机关'上访'，我们为何不能到乡村'下访'？"

为此，他在河南省第一个成立了"下访工作队"，4年中先后走访群众4000多人，为群众办实事、好事上千件，化解各种矛盾数百个。老百姓称赞这个下访工作队是汝南的"廉政110"，干部们称赞这个下访工作队是维护社会稳定的"救护车"、"灭火器"。

到周口工作以后，他发现群众上访量比较大，并且重访、缠访问题突出。他决定创新形式，实行全市纪检监察干部下访、全员接访，与群众零距离接触，破解信访难题；研究下发了进一步加强和改进信访工作切实维护群众利益的意见，同时制定全市纪检监察系统开展关注民生干部下访和市纪委监察局机关干部全员接访活动的实施细则，要求做到有访必接、有问必答、有疑必释、有难必解。

2008年10月13日，针对群众反映强烈的沈丘县老城道路路况差的问题，杨正超到沈丘县老城实地察看。在路上，他时不时下车走走，看到路面损坏严重，他忧心忡忡，这条路牵涉到几十万人的出行问题，路况如此之差，严重影响人民群众的生产生活，"我们欠人民群众的太多太多了"。在他的直接协调下，该段路终于纳入大修改造计划，不久后即开工建设，几十万群众出行难问题很快得到解决。

杨正超还坚持亲自带队下访。2009年6月15日，杨正超到沈丘县下访，该县北城办事处前寨村村民韩凤芹反映因其丈夫瘫痪、两个孩子患肌肉萎缩，家庭陷入困境。杨正超非常同情，安排身边同志想尽一切办法，尽最大努力帮助韩凤芹一家渡过难关。在他的关注下，通过民政扶助、组织社会各界捐助等方式为韩凤芹解决资金2万多元，同时批准其一家4

到群众家中“下访”，为群众排忧解难

口享受农村低保待遇。整个村子的人都说：“韩凤芹真是遇到大好人了！”

沈丘县纸店镇杂姓营村村民代广田反映，该镇某农资门市部去年出售劣质化肥，致使许多农户小麦产量锐减，多方交涉无果。杨正超对此作出严厉批示，要求有关部门认真解决此事，决不能让群众受损失。很快，经销商与村民达成协议，把赔偿款送到了农民手中。7 月 3 日，该村几位村民代表来到市纪委，向杨正超赠送了书写有“一身正养周口浩然罡气，两袖轻树三川纳谏淳风”的大红锦旗，表达对杨书记的感激之情。

杨正超长期身体力行亲自接访。他坚持定期在市人民群众来访接待中心接待群众，与前来反映情况的群众面对面交流，研究他们反映的有关问题，为群众排忧解难。1 年多来，他共接待信访群众 232 批 500 多人。

2009 年 3 月，杨正超在接访中心接访时，淮阳县刘振屯乡焦庄村一位 60 多岁的老人 7 点多就骑着自行车来了。

他问：“您 60 多岁了骑自行车走这么远的路，有多大的冤情啊？”

老人说："事不大，按条件我应该享受'五保'，折腾了5年都没有得到解决，今天是专门来找你'杨青天'为我作主的。"

听了焦老汉的诉说后，杨正超当场安排市纪委工作人员立即与淮阳县民政局联系协调有关事宜，使这一久拖不决的问题当日得到解决。

仅仅1年多来，杨正超到各县市区下访11次，接待日亲自接访38次，接待群众200多人次。在杨正超的带领下，市纪检监察机关干部到各县市区下访455次，全员接访679次，解答群众提出的问题743条，解决和处理信访问题197件，做到了信访问题"件件有着落、事事有回音"，促进了干群关系融洽、社会稳定。前三季度，周口市赴京、到省信访量同比分别下降73.3%、66.7%。

然而，这些数据、荣誉和光环，杨正超并没有看在眼里，他看的想的是如何为党、为群众多做些事。这就是杨正超，作为一名纪委书记，他义无反顾，忠诚护卫党的事业，贴心维护人民利益。仰不愧党，俯不愧民，

了解民间疾苦声，柴米油盐总关情

内不愧心！

2006年3月27日，杨正超应中国监察杂志社之邀，在北京作了一场“做党的忠诚卫士，当群众贴心人”的专题报告。杨正超饱含深情地说道：“做党的忠诚卫士，尽职尽责；当人民群众贴心人，尽心尽力。”虽说是简单的一句话，但这其中凝聚了多少艰辛，也演绎了多少真情故事啊！

两个多小时的报告，赢得了同志们的阵阵掌声。

中央纪委一位领导这样评价他：“正超同志不愧为党和人民的忠诚卫士，不愧为各级党员干部学习的榜样，也不愧是全国纪检监察战线上的一面旗帜。他牢记宗旨，勤政为民，公而忘私，秉公执纪，一身正气，朴实无华的高尚人格，他忠于党，忠于人民，牢记职责，坚持原则，心系群众，明荣辱，扬正气，树立了纪检监察干部可亲可信可敬的良好形象，也是我们这支队伍的光荣和自豪。”

杨正超赢得了如此高的评价，是当之无愧的！

评论

经常走出去，真心走下去，才能了解真实情况，碰到问题也就能解决掉，即使没有问题，在田间村头和老百姓聊一聊，自然能拉近与群众的距离，让群众觉得干部和他们在一起。

——杨正超

在古希腊神话传说中，英雄安泰是地神的儿子。每当他与敌人决斗遇到困难时，便往他的大地母亲身上一靠，由此重新汲取力量，得以击败敌人。后来，他的对手赫拉克勒斯发现了这一秘密，便抓住机会将他高高举起，失去力量源泉的安泰顿时无还手之力，盖世无双的英雄最终丧命。

“万物有所生，而独知守其根。”全心全意为人民服务，密切联系群众，是我们党区别于其他任何政党的一个显著标志。我们党是在与人民群众密切联系、共同战斗中诞生、发展、壮大、成熟起来的。

党离不开人民，人民离不开党。人民群众和党员干部就像大地和安泰一样血肉联系，离开了人民群众这一母体，党员干部就像无源之水，无本之木。历史已经证明而且将继续证明这一真理：人民群众的拥护和支持，是党的事业蓬勃发展、兴旺发达的力量源泉。离开了人民的支持，一切都将寸步难行。我们的党之所以能够赢得民心，其根本原因就是我们党心系群众疾苦，代表了最广大人民群众的根本利益。

在硝烟弥漫的革命战争年代，我们的党员干部深入基层访贫问苦，与群众同吃同住，同甘共苦，打成一片，赢得了民心，夺取了天下。反观现在，一些领导干部到农村搞调研也只是走马观花，成了一种“作秀”，下乡调研成了到农村吃无污染的柴鸡、野菜，对有困难的群众避之唯恐不及。同时，因不能及时了解群众的疾苦诉求，一旦发生矛盾纠纷，就找不到解决问题的办法。在新时期，各种矛盾叠加，各种问题频现，要找到破解各种难题的“金钥匙”，更加需要我们同群众保持密切联系，真正同群众打成一片，到群众中访贫问苦，想群众之所想，急群众之所急，那样就会一身正气，什么歪风邪气也刮不倒。相反，如果脱离了群众，脑子里没有群众观念、群众利益，就会成为歪风邪气的俘虏，背叛党和人民。

热心爱民篇

REXIN AIMIN PIAN

爱管“闲事”的爱民书记

有人说，杨正超爱管闲事，大到修路、修桥，小到身份证、户口簿，有的明显不属于纪检监察业务工作范畴，是旁人眼里的“闲事”，他却不但管了，而且还把问题解决了，把闲事管好了。因为这些所谓的“闲事”，在他眼里就是民生，就是民之幸福。

在他心里，民生就是为官之本，民生就是立党之基，民生就是生命之源，民生就是做人之根，所以他说：“共产党的干部在职务上有分工，可是为人民服务却没有分工！”

这些年，杨正超解决群众反映的问题很多，并不全是腐败问题。他曾为一个个下岗工人的生计问题彻夜难眠，为一个个交通事故受害者赔偿而往返奔走，为一个个便民小桥而费心协调，为一个个困难学生生活操心忙碌……用一些人的话说，他是有点“多管闲事”。但每当想到群众那无助、忧愁、哀怨甚至近乎绝望的眼神时，杨正超的心总像刀割一样难受。他说，人民群众是我们的衣食父母，当亲生父母或兄弟姐妹遭遇不测和苦难时，我们能推、能躲吗？我们的党来自人民、植根人民、服务人民，民之难即是党之忧，为民解难、为党分忧是每一个共产党员应尽的责任！

朴实的话语如春风让老百姓感到温暖，如春雨让老百姓看到希望。同时，也如时间的天平，丈量着他走过的每一个足迹，诠释着一个共产党人的不懈追求：

为了民生，他把为自己买车的钱用于修桥——一座连心桥，无言地诉说着党的恩情；

为了民生，他四处奔走不顾身体不适为菜农寻找销售的出路，菜农的笑容里有他无边的欣慰；

为了民生，他用“全国纪检监察系统先进工作者标兵”的奖金为学校买来桌凳，他从孩子们晶莹的泪花中看到希望；

为了民生，他为老百姓建过大坝、修过大路、建过自来水厂……

为了民生，他批示过一个丢失的井盖，主持召开过电视广告扰民的会议，甚至为一个下岗工人的报亭而彻夜难眠……但他从不认为这是鸡毛蒜皮。

为了民生，他失过友情、伤过亲情，唯独没有丢失过公仆情……

一位网友发帖说：“杨书记好管闲事，人民群众喜欢，一些官员不喜欢。杨书记经常说，官员有分工，为人民服务没有分工。不知道的还以为杨书记贪婪权力，实际上是因为一些官员玩忽职守不作为，一些官员为人民币服务没有分工。”

桃李不言，下自成蹊。群众的眼睛是雪亮的，谁给老百姓办实事解难事，谁鱼肉百姓横行乡里，群众心里都有本账。

2010年1月，杨正超的先进事迹经人民日报、中央电视台等中央媒体集中报道后，引起全国广大网民强烈反响。在人民网、新华网、央视网、光明网、大河网、中华龙都网等网站论坛，广大网友纷纷留言和跟帖，向杨正超表达心中的敬意。网民希望全国广大纪检监察干部乃至所有国家工作人员以杨正超为榜样，清廉为官，造福于民。

网友天涯孤旅说：反腐败需要利剑，杨书记就是这样一把利剑。作为一名新时期的优秀纪检监察干部，杨正超同志在自己平凡的岗位上默默奉献，用高度的责任感、优秀的业绩和感人的事迹，塑造了一个坚持原则、作风正派、心系百姓的当代共产党人的崇高形象。

网友许湾人说：为官清正、廉洁奉公、关注民生、善查大案、勇查大案，他是党的忠诚卫士，他是反腐斗争的清道夫，他是群众的保护伞，杨正超书记，群众拥护你！

一名叫天蓝的网友感动地说：我是一名在校大学生，我深深地被杨正超书记感动了，这位心中满载百姓利益的“百姓青天”，这个维护党纪尊严、秉公执纪的纪委书记，这个在平凡岗位上作出不平凡事迹的纪委书记，将成为一种精神和力量，成为正义的符号，永远激励我们前进！

网友良言说：一年带领全市各级纪检监察机关查处案件1200起，为国家挽回经济损失近8亿元，杨正超，人民爱戴你，永远支持你。

网友冬冬留言说：做到情为民所系，权为民所用，利为民所谋，才能无愧于共产党员的光荣称号，真正实现共产党人的人生价值，杨正超

与人民群众手拉手心贴心

就是这样的一个人。

网友季候风说：从杨正超身上，我看到了一个英雄为民请命的崇高精神，他以实际行动谱写了一曲全心全意为人民服务的壮歌；学习杨正超，就是要在平凡岗位上默默奉献，为党和人民的事业不懈奋斗。

人民网网友清风一缕留言说：全中国的干部要是都像杨正超那样，我想，我们国家会更好！

网友幽兰说：为民、务实、清廉是杨正超的真实写照。他值得群众拥护、支持，值得广大党员学习、效仿。

网友的话道出了人民群众的心声：爱管“闲事”的背后是一颗爱民的热心。党的事业需要杨正超这样的优秀干部，人民群众需要杨正超这样的优秀公仆，永葆党的青春活力和先进性，需要杨正超这样的优秀党员。

徐品、徐磊兄弟的故事

这么多年，杨正超资助了许多贫困学生，其中最突出的应该算是徐品、徐磊兄弟俩了。

1993年，对徐品、徐磊兄弟来说是黑色的一年。他们的父亲在与病魔抗争了一个多月后，撇下他们撒手西去。父亲的过早离开，使本来和谐幸福的家庭如天塌下来一般，失去了主心骨和顶梁柱。少年丧父的徐品、徐磊悲痛万分，哭得死去活来。

所幸，他们的母亲虽说是一个农村妇女，但是却很有主见。她记住了丈夫在弥留之际的嘱托：无论如何也要设法供养两个孩子上学，让他们长大成才。她要把这个嘱托变作实际行动。可是，要想使孩子成才，谈何容易。他们在农村教学质量相对较低的中学读书，要想考上大学还是很困难的。这个时候，这位母亲想到了城里的中学，如果在城里上学，孩子们或许还有一线希望。

于是，这位坚强的母亲卖掉了家中仅有的一头猪和8只鸡，带着一些生活用品，带着两个孩子，来到了县城。她在县城郊区租了一间房子，托亲戚关系把两个儿子转到了教学质量相对较高的汝南县三中。她没有什么手艺可以养家糊口，只能起早贪黑在集市上贩菜，靠卖菜挣的微薄收入，勉强能维持一家三口的日子。

那几年，由于国家没有“两免一补”，学校收取的各种费用较高。一个女人，带两个孩子在陌生的县城里谋生，艰难可想而知。让她感到欣慰的是，两个孩子十分争气，学习成绩都不错。特别是徐品，很得老师和同学们的喜爱。大家知道了他家的境况后，都尽力帮助他，使他在家庭的困境中感受到了学校大家庭的温暖。

寒来暑往，眨眼间，一年很快就过去了，徐品、徐磊第二年上学期每人300元的学费再也筹不出来了。借已经不太可能，他们的母亲已经借遍了所有的亲戚朋友，况且那些亲戚朋友也都不富裕。眼看着开学的日子一天天临近，徐品的母亲急得像热锅上的蚂蚁团团转，却一筹莫展。

开学那天，徐品、徐磊兄弟俩只得空着两手，万般无奈地来到学校。他们向班主任讲明情况后，不得不中途退学了。就这样，一对品学兼优的兄弟，因为没钱辍学了。告别之际，老师为之垂泪，同学为之难过，兄弟俩更是泪流满面。

他们恋恋不舍地离开了熟悉并热爱的校园。

徐品与杨正超的女儿正好同班。那天中午，女儿将这件伤心的事告诉了父母，当说到全班同学一片哭声把徐家兄弟送出校门时，她的泪水止不住又流了下来。

那时，杨正超刚从新蔡县轻纺局局长位置上提拔到汝南县当副县长。心地善良的杨正超夫妇听了，饭也吃不下去了。因为学费读不起书，太可惜了。他们为那两个兄弟痛心惋惜，担心那个绝望的母亲一气之下会做出啥傻事，更担心两个刚刚打开心灵窗户的孩子会因此悲观失望，甚至自暴自弃。

杨正超的爱人崔敏说：“这样一对好孩子，遭遇这样的不幸多可怜，我们帮帮他们吧！”

这话正说到了杨正超的心坎里。杨正超对爱人说：“徐家的困难咱不能袖手旁观。我看这样，你先拿600元钱，让女儿下午上学时，替两个孩子把学费交上，吃完饭咱一块儿到他们家，去看看是个啥情况。”

吃完饭，崔敏拿出600元钱给女儿，让女儿替这兄弟俩去交学费。随后，杨正超和爱人来到街上，买了两箱方便面和一些学习用品。他们要赶在上班前去徐家一趟。

按照女儿告诉的地址，杨正超好不容易才问到徐品家租的房子。可是房东告诉他们，一个小时前，徐品一家已经把房子退掉，举家回农村老家去了。房东还告诉他们，徐品娘仨搂在一起哭了好长时间，饭也没吃就走了。

听了这话，杨正超的心被拎了起来，他们如此匆匆忙忙地离去，不是一个好兆头。他看了看表，离上班还有一个多小时，便当即决定：追，赶往乡下。

这时，徐品兄弟俩与母亲刚刚到家。母亲躺在光秃秃的床板上不停地流泪，她觉得自己命太苦，也苦了两个孩子，哀叹自己没有本事，心有不甘，却又不得不低头认命。难道就这样半途而废吗？想到自己男人的嘱托，她更是伤心欲绝。

正在这个时候，门口传来一阵汽车马达声，接着是一阵越来越近的脚步声。她抬头看看，门正好被推开了。

是杨正超夫妇追来了。

杨正超自我介绍道：“我叫杨正超，是徐品的同学的父亲。听女儿说你们家没钱交学费，要让孩子停学，我和我爱人放心不下，专门来看望你们的，这学期两个孩子的学费我已经让女儿替你们交上了，以后有什么困难，我们会尽力帮助的。别耽误了孩子的课程啊！”

崔敏也走上前去，一阵好言相劝。之后，他们把50元钱和随车带来的方便面、学习用品交给了徐品的母亲。之后，他们把徐品、徐磊兄弟俩搂在怀里，好好鼓励了一番。

只停留了十几分钟，杨正超夫妇便告辞了。这十几分钟，是温暖的十几分钟，它挽救了徐品一家人，把他们从绝望中拉了出来，给了他们莫大的希望和鼓励，使他们树立起了战胜生活磨难的信心和力量。

是啊，生活中，需要人与人之间的相互温暖。

从此，杨正超夫妇就开始承担起帮助两个孩子上学的义务，一晃就是10年。

10年来，徐家兄弟的学费都是杨家支出。杨正超夫妇对这个三口之家给予了无微不至的关怀，徐磊、徐品两兄弟成绩怎样？吃饱吃不饱？穿暖穿不暖？都时时挂在了杨正超夫妇的心上。这些年，工作再忙，杨正超也要定期到学校或他们家中，去看看他们，问问情况。

中考的前两天，徐品、徐磊两兄弟突然同时患重感冒，他们的母亲正忙于收麦。而崔敏恰在那时不慎摔伤了腿，但是，她坚持拄着拐杖将徐品、徐磊兄弟俩送进了医院，并亲自在医院悉心护理。做饭、送饭、提水、抓药，拖着伤腿，忍着伤痛，崔敏跑前跑后，忙活了三天。兄弟俩痊愈出院时，她又支付了全部医药费。

这样的举动，这样的胸怀，这样的爱心，如此对待一个非亲非故的孩子，不是一般人可以做出来的。但是崔敏做出来了，而且做得很好。

徐品有个毛病，学习一紧张就犯头疼。杨正超知道后，到外地出差时总忘不了给他买些疗效好的新药回来。徐品该高考了，崔敏多方打听，得到一个偏方，即用莲子、百合及其他中药熬汤喝，能稳定患者的情绪。崔敏拿了方子，又亲自把东西买齐，亲手熬好汤送到学校。

杨正超夫妇与这个贫困而有志气的家庭结下了不解之缘。

徐品说："从杨叔、崔姨第一次帮我们交学费起，我就知道我们遇到恩人了。打那时起，我就将杨叔、崔姨帮助俺的事一件一件地记在本子上，记在心头。我高考那年，学习一紧张就犯头疼，杨叔叔到外地出差，总忘不了给买些疗效好的新药回来。他的女儿要参考资料，他总是买两套给我一套。"

在杨正超夫妇的鼎力相助下，徐品、徐磊两兄弟的学业坚持了下来。

2000年，徐品以优异的成绩考入了海军后勤学院。2001年，徐品在全军建模竞赛中获得一等奖，荣立三等功。2002年春节刚过，杨正超就收到一封寄自海军后勤学院的立功喜报，里面还附有一封充满感激之情的“家书”：

敬爱的杨叔叔：

您好！

我在2001年全国大学生数学建模竞赛中荣获全国优秀一等奖，被学院政治部记三等功。高兴之际，我首先想到的是您对我的关怀和帮助，是您把我这个曾经辍学的穷孩子拉回了校园。近十年来，您给予了我无微不至的关怀和帮助，使我能够读完初中、高中，进而升入大学。您作为一名县级领导干部，对我这个素不相识的穷孩子关怀备至、鼎力相助，体现了一个共产党员的高贵品质和一名领导干部的拳拳爱民之心。正是有了您一家的无私帮助，才使我能解除后顾之忧，全身心地投入到学习中去。也正是您的高风亮节，时刻鼓舞着我鞭策着我好好学习，努力做一个对党、对国家、对人民有用的人，以报答您的恩情。我今天荣立三等功，我感到这枚军功章应该献给您，喜报应该送给您，真正的立功者是您——敬爱的杨叔叔……

之后，徐品休探亲假回到家里，第一件事就是把军功章送给杨正超，并对他深深鞠了一躬，说：“要不是您，就没有我的今天，这军功章首先应该属于您。”

徐品大学毕业后，被分配到驻湛江海军某部后勤部工作。

2003年8月，徐磊以优异的成绩考上了上海海事技术学院。拿到录取通知书时，徐磊母子俩首先想到的是给杨正超夫妇报喜。

杨正超在当天的日记中记道：

今天是个好日子。徐磊终于接到了大学录取通知书，我和爱人都很高兴。10年了，我们的心血终于没有白费，这对从小失去父亲的两兄弟都如愿以偿地考上了大学。可是上万元的学费该怎么办？

徐磊临走的前两天，崔敏提醒杨正超，给徐磊的学费还没有送去。杨正超一拍脑袋，忙晕了，差点给忘了。于是，他抽个空闲，揣上5000元钱，和崔敏一起赶往徐磊家。

徐磊的母亲回忆当时情景时说：那年，就在徐磊到校报到的前一天，杨书记的爱人崔敏到街上买好提包、衣服等生活用品，像打发自己的儿子上学一样，帮我打理好孩子的行李。

杨正超夫妇看着已经是一名大学生的徐磊，十分高兴。十年的亲情，十年的艰辛历历在目，一下子要离开，他们心里真有点酸楚之意。

杨正超用自己的一腔赤子之心，不仅感动着一个又一个善良而真诚的百姓，而且也哺育着一个又一个幼小的心灵，让只有共产党才能救中国的真理在年轻一代的血脉里延续。

徐磊在日记中这样写道："从杨叔和崔姨身上，我体会到了人间最美好的东西——无私的爱，是这伟大、无私的关爱托起了我对美好人生的追求！"

徐品说："作为一名县领导，对我们一个普通得不能再普通的三口之家关心备至，对我们穷孩子视如己出，我感受到一个党员领导干部的高贵品质和高尚人格。以后，我一定像杨书记那样，做一个高尚的人，一个纯粹的人，一个对人民有用的人！"

在汝南县任职的几年里，杨正超先后扶助多名贫困学生完成学业，其中有6名学生升入大学。杨正超帮助这些贫困学生，一直都是默默地付出。他认为，所有这一切都是自己应该做的，不愿意让别人知道后大肆宣扬。他曾经坚决阻止过徐品所在学校向县政府汇报他的爱民事迹，他也曾毫不客气地让徐品的母亲把自己亲手制作的一面饱含深情的锦旗销毁。

徐磊的母亲说：“杨书记帮助俺都10多年了。10多年来，俺心里头总觉得不安，人家跟咱非亲非故，能这样照顾咱，又不叫往外说，俺憋得慌。”

而让外人知道这一切的，正是徐品那封寄给杨正超的立功喜报。是那个立功喜报被人意外地发现了，大家才知道这其中感人至深的故事。若不然，这些往事可能就尘封在徐品一家人的记忆里，而不为世人所知了。

其实，最心怀感激的是徐磊的母亲。这个历尽沧桑、从困境中挺过来的农村妇女经常这样对人谈起：“杨书记是世界上最好的人，是共产党的好官！没有他们一家的帮助，别说两个孩子上学，就连这个家我也支撑不下去，我一辈子也忘不了杨书记一家的恩情。”

说这些时，她的眼里总是泪花闪闪。

现在，她可以在丈夫的坟前，对丈夫倾诉说：我完成了你的嘱托，我把咱们的孩子培养成才了，是杨正超书记帮助咱们的孩子成才的，是共产党帮助咱们的孩子成才的！

评论

人民群众是我们的衣食父母、生存之本，离开了人民群众将一无所有；人民群众是我们的力量源泉、胜利之本，离开了人民群众，我们将一事无成；人民群众是真正的主人，我们党来自人民，要时刻把实现人民愿望、满足人民的需要、维护人民的利益，作为开展工作的根本点和落脚点。

——杨正超

为人民服务是党的宗旨，这也是我们党在革命战争年代克敌制胜、在经济建设年代蓬勃发展的不二法宝。历史经验也反复告诉我们，人民群众是我们党员干部的衣食父母。因此，党员干部是人民群众的公仆，这是毫无疑问的。群众最可敬，因为他们有无穷无尽的力量，社会财富靠他们来创造；群众最可畏，不管什么人，侵害了人民群众的利益，就不会有好下场。杨正超同志言行一致，表里如一，他始终把人民群众的利益放在第一位，时刻把群众的疾苦冷暖挂在心上，凡是涉及群众切身利益和实际困难的事，再小他也要竭尽全力去办，想群众之所想，急群众之所急。

在驻马店市汝南县任纪委书记期间，他组织成立了县纪委、监察局下访工作队，变群众上访为干部下访，进村入户，先后为群众办实事、好事千余件。他9年如一日地默默资助农村贫困孩子上学，协调有关部门为和孝镇打深井建水塔，为留盆镇追回15万元欠款，帮助黄寨村小学筹建教学楼，倡议并设立了县纪委机关廉政助学基金和扶贫基金……杨正超以拳拳赤子之心，赢得了人民群众的衷心爱戴。为表达感激之情，数百名群众自发为他送锦旗、牌匾。杨正超不愧是我们党为人民服务宗旨的忠实践行者。

关爱贫困女童小孟曼

"感谢杨伯伯对我的帮助，我会好好学习，照顾好自己和家人。我一定努力上进，以优异的成绩回报社会，不辜负杨伯伯对我的关心和期望……"贫困女孩小孟曼紧挽着市委常委、纪委书记杨正超的手，激动地说。这是2009年12月24日上午，在周口市开发区淮海路办事处孟营居委会发生的感人一幕。

纪委书记何以如此关注一名贫困女孩的生活和学习情况，这还要从2009年11月说起。11月18日，周口晚报刊登了一篇题为《哪一天不再用塑料袋当书包》的新闻，引起了市委常委、纪委书记杨正超的重视。

哪一天不再用塑料袋当书包

朱东一

每当夕阳西下的时候，周口市区交通东路一面粉厂附近总有一个身材娇小的女孩，不时弯下腰捡拾旧塑料袋、废纸、饮料瓶等，麻利地扔进手里提着的一个编织袋里。这个女孩是周口第八中学七年级的一名学生。13岁的她作为家里的顶梁柱，从上小学起，就知道放学后赶回家帮着年迈的奶奶四处拾破烂以贴补家用。这个女孩就是孟曼。

孟曼4岁时，妈妈就离家出走，多年来杳无音讯。这些年孟曼和奶奶、爸爸3个人相依为命。孟曼的爸爸2005年得了心肌炎，这一病就是3年，不仅家里失去了经济来源，还因为看病，跟邻居亲戚借的钱至今仍有1万多元未还清。目前，家里全靠奶奶每月50元的低保金维持生活。

孟曼见奶奶80多岁了还出去拾破烂，一点点地攒钱供她上学。心疼奶奶的她从上小学起，也经常陪着奶奶去拾破烂。孟曼怕天黑路不好走，下午一放学她就会先找到奶奶，帮奶奶捡破烂回家。性格活泼开朗的她，学习成绩不是太好，可孟曼的邻居却总是夸她“爱学习”：“庄儿里也有和曼曼在一个学校上学的孩子，他们回到家不是写作业就是看电视。可曼曼不仅懂事啥活都会干，一放学还出去帮奶奶拾破烂，卖了破烂买点馍或烧饼，喝点凉水就是一顿饭。为了写作业，曼曼常常借俺家的手电筒照亮，有时也会把自己的饭钱省下一些用来买蜡。她家可没钱用电灯哩！”

孟曼的家在大孟营，离八中大概有三四公里远，孟曼没有自行车，每天都是步行上学。平时，个头不高、消瘦的孟曼总穿着一身单薄的破衣服，她说：“我自从父亲生病后，就再也没穿过新衣服，就是现在穿的这身衣服，还是同学送的。我的鞋也只有两双，夏天一双，冬天一双，都是奶奶在外面拾的，鞋码偏大，穿在脚上一走老是掉！”

孟曼是位坚强的女孩，在学校里很开朗，课间和同学们有说有笑。她的班主任李洁琼老师见孟曼的“书包”只是一个塑料袋，身上穿的衣服没见换过，还常常上学迟到或者是作业完不成，李老师就对孟曼很关注，前一段还专程到孟曼的家中进行访问。一进院门，李老师惊呆了：3间破房子，窗户大多没有玻璃，屋内一片狼藉，家具只有一个旧衣柜、一张床，最显眼的是堂屋堆放的一大堆破烂。

了解了孟曼的情况后，李老师决定发动同学都来在学习上、生活上帮助她。在学校里，见同学们送来的一摞衣物，孟曼的脸上露出久违的笑容。她没有说什么感谢的话，只是眼睛有些湿润，面向大家深深地鞠了一躬。

孟曼也很羡慕同学能穿新衣服，能吃上好吃的，冬天也冷不着，可她总是懂事地劝奶奶别对生活失去希望，并满怀憧憬地说："说不定哪一天我也能有个新书包，可以不再用塑料袋装书。等我长大了，我要让你和俺爸过上好日子。"

文中的主人公小孟曼的艰辛生活状况深深地牵动着杨正超的心，他当即作出批示，要求市纪委有关同志要亲自了解情况，与当地政府联系，拿出长期解决孟曼家庭困难的具体办法。同时，他又从自己的当月工资中拿出1000元捐助给小孟曼。

12月24日上午，一个阳光明媚的冬日，杨正超在开发区有关负责同志的陪同下，带着米、面、油、被褥、蔬菜等生活用品，带着党委、政府的一片关怀来到小孟曼的家中看望她。

在小孟曼家，小孟曼一直拉着杨正超的手不愿放下，杨正超亲切地询问孟曼的生活、学习情况："现在生活上还缺什么吗？"

"很好，现在有这么多的好心人关心我，我和家人都很感动。"小孟曼激动地说，她做梦也没有想到会有今天的情景，"感谢杨伯伯对我的帮助，我会好学习，照顾好自己和家人，我一定努力上进，以优异的成绩回报社会。"

孟曼的父亲孟国力感动地流下了热泪。他说，党委、政府对我们特别关心，为我们办了低保，开发区的领导还为我找了一份清洁工的工作，

“现在党的政策真是太好了！”

看着小孟曼家周围高楼林立，杨正超想，别人都能脱贫致富，孟家为什么就如此落魄呢？为此，他特地走访了小孟曼家的邻居和村干部。

原来，孟国力由于妻子离家出走，加上自己有病，这些年有破罐子破摔的思想，染上了赌博的陋习，有时候甚至拿着救济款去赌博。

了解到这些情况后，杨正超安排村干部一道要做好孟国力的思想工作，鼓励他振作起来。他对孟国力说：“老孟啊，你的孩子那么懂事，你也要努力克服困难，通过自己的努力和党委、政府的帮助，创造美好的生活，只要真心干，党的政策那么好，相信你们的日子会越来越好。”

离开小孟曼家时，杨正超再三叮嘱陪同前来的市有关单位负责同志：“心里要时刻想着群众，经常深入到群众中去，倾听群众呼声，关心群众生活，真心实意地为群众办实事、解难题，特别要关心和照顾好弱势群体，让他们真切感受到党和政府的温暖。像孟曼家这种情况，也许在我市还有不少，希望能排查一下，尽快完善措施，要有一个好的制度以及灵活的机制，真正帮助困难群体解决实际问题，让困难群体感受到

杨正超看望、慰问小孟曼

党和政府的关爱与温暖，一定让这些困难家庭的孩子在和谐社会这个大家庭里像其他孩子一样幸福、健康成长。”

自从杨正超看望小孟曼以后，孟国力变了，再不是以前那个颓废、消沉的孟国力了，而是一个充满自信、精神振作的人，一个对美好生活充满无限憧憬的人。是杨正超思想和经济上的帮扶，让他重拾做人的尊严，抬起了一度低垂的头颅。

“再也不能那样活了！”有了生活目标的孟国力猛然醒悟了。

“老孟像个男人样了！”邻居们这样说。

这一切，都是杨正超让这个家庭发生的悄然改变。

评论

领导干部职责有分工，但为人民服务无分工。

——杨正超

杨正超从事纪检工作以来，解决的事情林林总总，几乎涉及方方面面，很多并不是纪检分内的事，许多甚至是别人看来不该他管的小事、闲事，但他不推不拖，而是认真接待、认真调查、认真处理，一抓到底，直到解决。他说：“近几年，上门找我反映问题和向我求助的群众非常多，用一些人的话说，有些事不该我管。但我不这样认为，他们找我是对我的信任，只要是能帮上忙，就努力去做，有人认为我管了一些闲事儿，干了一些分外的工作，我不以为然。党员干部在工作上有分工，但在为民办事上，不应有分工。”

我们党把全心全意为人民服务确立为党的根本宗旨，集中体现了马克思主义的历史观、价值观。在共产党人看来，人民是天，没有比人民更高的；人民是地，没有比人民更深厚的。人民，也只有人民，才是创造历史的动力，才是社会的主人。党把自己的根深植于人民群众这片沃土，把服务人民作为自己的责任和使命，为人民利益敢于坚持真理，为人民利益勇于纠正错误。除了最广大人民的利益，党没有自己的特殊利益。人民的利益、人民的幸福，是党一切行动的出发点和归宿。贯彻“三个代表”重要思想要求，归根结底要满足人民群众日益增长的物质文化生活需求，实现最广大人民的根本利益，最终都是为人民服务。为人民服务不是高不可攀的，而是人人可为的，既伟大又平凡，既高尚又普通。和教师、医生、军人、工人、农民一样，党员干部所从事的岗位不同，工作有分工，但在遇到人民群众有困难时，无论是不是属于自己的工作职责范围内，都应主动帮助解决，不能以不属于自己管为由推托，让人民群众伤心失望。因为党员干部是党的一分子，在群众面前代表的是党，而党的宗旨就是为人民服务，所以党员干部为人民服务无分工。

温暖带父求学女孩谢宇慧

在郸城县城洺河北岸的一个小胡同的出租房里，住着这样一对父女，父亲谢广军高位截瘫，常年卧床，女儿为郸城一高一13班学生。每天早上天不亮，谢宇慧就早早起床，摸黑给父亲做饭，做好后端到父亲跟前，待父亲吃完后洗刷停当，她才一溜小跑着去上早读。

女孩叫谢宇慧，17岁，郸城县汲水乡仵庄村人。9岁以前，她有一个清贫但温馨的家，父母务农，父亲谢广军农闲时还外出打工，日子简单而平静。2004年，不幸降临，父亲在山东德州建筑工地上打工时因意外从脚手架上摔下，造成高位截瘫，腰部以下失去知觉。包工头把谢广军拉到医院稳定病情后，赔了两万元，再也不管了，从此谢广军在病床上一躺就是8年。

祸不单行。2005年，谢宇慧的母亲又查出患有肺癌，兄妹俩边上学边照顾两个病人。2007年4月，母亲在花费4万多元医疗费后最终撒手而去。临终前，她望着一双年幼的儿女和这个风雨飘摇的家，眼里满是留恋和不舍。在亲朋乡邻的帮助下安葬了母亲，兄妹俩抱头痛哭，哭过后，擦干眼泪，从此共同承担起了照顾父亲的重任。她说，父亲在，这个家就没有散，她不能再失去父亲。

兄妹俩收拾好铺盖，用架子车拉着父亲去上学。汲水乡党委、政府了解情况后，帮助他们在学校附近租了间房子，房租由乡政府承担，他们开始了一边照顾父亲一边上学的生活。2008 年 8 月，哥哥谢富乾考上郸城一高，为了不影响哥哥的学习，谢宇慧坚决要求自己独自照顾父亲，哥哥只好含泪答应，照顾父亲的重担就落在了妹妹一个人肩上。2011 年 8 月，谢富乾以一本分数考上大连民族学院，由于高位截瘫的父亲不能长途劳顿，仍由妹妹一个人照顾父亲。

2012 年 8 月，谢宇慧考入郸城一高，孝顺、要强的她决定带着父亲到县城求学。汲水乡党委书记孙光远、乡长罗明党特意安排帮助他们在县城租了两间房子，房租每年 1800 元，由乡政府承担。虽然离开了汲水，但父亲的电话本里一直记着孙光远和罗明党的电话号码，他们说，有什么困难随时和他们联系，乡党委、政府就是父女俩的主心骨。

开始独自一人照顾父亲后，谢宇慧每天的时间都排得满满的，5 年里甚至没有去过一趟县城。进入高中后，她的时间更紧张了。

在谢宇慧空荡荡的家里，除了一台 14 寸的电视机，再没有像样的东西。厨房里没有食用油，地上一个塑料袋里装着几个干瘪的青椒。中午放学回家后，谢宇慧先把凉开水倒在一个矿泉水瓶里，喂父亲喝水，然后用白水煮面条。谢宇慧下的清汤面条里没有一根菜叶，只放了一些盐和酱油，上面零星地漂着一些油花，她都不记得上次吃肉是什么时候了。面条熟后，谢宇慧先把父亲扶起来喂他吃饭，父亲吃完后她才开始吃。吃完饭，她又忙着洗父亲换下的衣服、打扫卫生、给父亲按腿……

入学后不久，郸城一高党委书记、校长刘成章得知了谢宇慧的家庭状况，被她在逆境中自强不息的事迹深深打动，当即表示要去看望、慰问父女俩，帮助他们渡过难关。2012 年 9 月 10 日上午，刘成章、刘剑锋等校领导带领有关人员带着水果、牛奶、火腿肠、月饼、大米等物品来到谢宇慧租住的家中，看到谢宇慧的困难情况，刘成章非常难过和心酸，当场表示免除谢宇慧高中三年学费，并以个人名义向谢宇慧捐款500元，郸城一高爱心基金会也捐款2000元，郸城一高红十字会捐款500元，浓浓爱心堆满了谢广军的床头，谢宇慧父女俩非常感激。

郸城一高的校报《晨曦》首先刊登了谢宇慧带截瘫父亲求学5年的事迹，《周口日报》又进行了深入采访，并在9月12日的社会民生版发了配图新闻报道。杨正超看到报道后，立即作出批示，要求郸城县纪检会进行结对帮扶资助。郸城县委常委、纪委书记陈宏带着杨正超的重托，看望、慰问了谢宇慧父女，详细查看了谢宇慧父亲谢广军的生活条件，询问了他的病情，并送上1000元慰问金。他还亲切询问了谢宇慧的学习、生活情况，鼓励她战胜困难，努力学习，早日成为有用之才。郸城县委书记刘广明、县长罗文阁、副县长刘淑杰以及郸城县教体局、残联等单位的领导也先后多次来到她家看望慰问，帮助他们父女解决实际困难。

但谢宇慧父女俩的冷暖一直牵挂着杨正超的心：天冷了，谢宇慧父女生活得怎么样？2012年11月26日下午，杨正超带着党委、政府的关怀，到谢宇慧在校外租住的家中，为其送去了棉衣、棉被等生活用品和5000元慰问金。

一到谢宇慧的住处，杨正超就亲切地握住谢广军的手，问棉被薄不薄、冷不冷，并详细询问谢宇慧的学习生活情况。当看到谢宇慧很坚强、很开朗，学习成绩还不错时，杨正超称赞她是一个“阳光女孩”，并鼓励其好好学习，考上大学，成为国家栋梁。他对学校领导说，要多宣传谢宇慧的事迹，弘扬中华民族敬老孝亲的传统美德，加强学生德育工作，促进学生全面发展。

杨正超还详细询问了谢广军的伤情和康复情况，勉励他多坚持、多锻炼，坚强快乐地生活，给孩子以更多的信心和鼓励。谢广军激动地说：“县委、县政府和很多好心人给予我家很多帮助，今天您又亲自来看我们，我和孩子十分感动，我们一定会坚强生活，请领导和关心我们的好心人放心。”

离开谢宇慧的住处，杨正超再三叮嘱陪同的郸城县主要负责同志：“天冷了，我们要心里想着群众，切实关心群众，特别是有困难的群众，要去看看他们穿得暖不暖，吃得饱不饱，让他们真切感受到党和政府的温暖。”杨正超强调，为了维护在外务工群众的合法权益，县里要成立维权组织，帮助他们解决在外务工时遇到的困难和问题，多办群众急需办的事，为老百姓排忧解难，并把其作为当前学习贯彻落实十八大精神的具体体现，切实抓紧抓好，时时心系群众冷暖。

谢宇慧带截瘫父亲求学5年的事迹感动了社会各界，经媒体报道后，全国各地报纸和网站纷纷转载，在社会上引起了强烈反响，来自北京、上海、郑州、河北、云南、南海舰队某部、郑州宇通客车等全国各地爱心人士和爱心企业的捐款捐物纷至沓来。

看望“阳光女孩”谢宇慧（摄影　王雪涛）

2013年1月31日，经过层层推选和综合考评，谢宇慧被评为首届“感动周口”人物，受到了隆重表彰。之前，谢宇慧还被授予第五届“河南省美德少年”、第三届“周口市美德少年”、2012年度“周口好人”和2012年度“文明使者”称号。2013年5月，谢宇慧还被河南省文明办推荐为第四届“全国道德模范”候选人，被河南省计生委推荐为第三届“全国十佳自强女孩”候选人。

如今，谢宇慧解除了生活上的后顾之忧，驱散了心理上的阴霾，生活里充满了阳光，性格更加活泼开朗了。她说：“是杨伯伯给了我生活的信心，给我家带来了阳光和温暖。”

评论

民之难，即是党之忧，为民解难，为党分忧是每一个共产党员应尽的责任。

——杨正超

思民在于解民忧，畏民在于怕民怨。立党为公，执政为民，要求党员特别是各级领导干部必须竭尽全力解决涉及群众利益的问题和实际困难。执政为民，做人民的公仆，不能停留在口号和一般要求上，必须围绕人民群众最现实、最关心、最直接的利益来落实。

“德莫高于爱民，行莫高于利民。”党和人民群众休戚与共，党的宗旨是全心全意为人民服务，因此，民之难就是党之忧，广大党员干部特别是各级领导干部要始终把群众的困难和利益放在第一位，在工作的各个环节都要细心研究群众利益，体察民情，了解民意，集中民智，珍惜民力，诚心诚意为群众解难题。对群众的要求、困难，绝不能采取漠然视之、充耳不闻的官僚主义态度，要急群众之所急，想群众之所想，忧群众之所忧，时刻把群众的冷暖疾苦安危祸福放在心上，始终把涉及群众利益的事作为大事，满腔热情地为群众排忧解难，这是一个共产党员的责任和职责。

周口市有1000多万人口，由于一些基层部门的不作为或乱作为，在一些热点问题上群众意见很大，在基层得不到解决，往往直接越级上门找杨正超反映问题和求助，其中大部分并不是腐败案，而是老百姓一家一户的问题，如土地纠纷、交通肇事、工资拖欠、人身伤害案件等，这些事本不需要一位市纪委书记来查，随便找个理由推到其他部门，群众也能理解。但杨正超认为，群众来找我，是对我的信任，我绝不能让群众失望。这样的小事，他不但管，而且会一管到底。他才是群众的贴心人，是群众利益的保护神，是一名真正的共产党员。

管失地农民王尾巴的“闲事”

杨正超说：“我多年来养成一个习惯，注重从新闻媒体上了解社情民意，许多记者的调查和群众的来信是我获取信息的一个重要渠道，我把受难群众和弱势群体的疾苦和呼声记在‘民情日记’上，利用有限的时间和精力去一件一件地解决。”

杨正超认为，党和人民把权力交到他的手上，那就是一份责任，他没有理由不管群众的事，否则，既对不起养育他成长的老百姓，也对不起培养他成长的党。在他心目中，“全心全意为人民服务”是一句真真切切金光闪烁的话，他是把这句话当作人生的理想来追求的。

可是，一个人要想真正做到对人民群众“全心全意”，又是多么不容易啊！

在一个笔记本的扉页上，杨正超写着这样一段话：“任纪委书记以来，常遇到一些群众反映的直接侵害群众利益的事，在处理这些事情的过程中，许多事情不能忘记，遂收录一些事情记下来，时常看一看，或许对我的人生观、世界观改造有些启迪！”是的，熟悉群众，熟悉他们的生活，熟悉他们的酸甜苦辣，才能真正知道群众需要什么，才能真正对他们充满感情、充满热情。

2000年6月30日，杨正超这样记录：6月29日，《驻马店日报》刊登这样一篇消息：汝南县大王庄乡台子寺村袁楼村民组村民王尾巴，在村上与一袁姓大户闹矛盾。在袁姓一族的操纵下，1997年耕地大调整时，王尾巴没能分到耕地。在被逼无奈的情况下，王尾巴卖掉房屋，举家迁往离开20多年的上蔡老家，目前生活举步维艰。

读了这篇报道后，我心情很不平静，我决定管管这桩“闲事”，决不能让我们的群众无家可归。

事情是这样的：

20多年前，无情的洪水吞噬了王尾巴在上蔡县的老家，王尾巴的父亲带着一家老小逃荒到了汝南县大王庄乡台子寺村。王尾巴父子不仅为人善良、勤劳，而且有着一手祖传的种瓜技术，因此，他们被善良的台子寺村村民接纳，就在那里安家落户了。1987年，联产承包责任制时，王尾巴一家被安排在袁楼村民组，分到了责任田。常言道，人无百日好，花无百日红。日子久了，王尾巴与本村袁姓人家发生了矛盾。

袁姓在台子寺村袁楼是大户，人多势众。在农村某些地方，宗族势力还是有着相当影响力的。因此，在1997年土地延包时，袁姓人家以王尾巴是外乡人、不该在袁楼分地为名撺掇袁姓家族，不同意分给王尾巴土地。当时虽然也有人说这话不在理，不同意这样做，但是，毕竟胳膊扭不过大腿，王尾巴最终没有分到责任田。这时的王尾巴，年纪已经大了，长子已经娶妻，加上次子、女儿和父母，全家共有八口人，八口之家就是八张嘴，是嘴就得吃饭。农民土里刨食，以耕地为生，没了责任田吃什么？喝什么？土地就是命啊！

当晚，全家人抱头痛哭，彻夜未眠。

第二天天刚亮，王尾巴就跑到村委会，找村干部来“评评理”。村干部当然知道此事的前因后果，可是他们也不想得罪袁姓那么多人，况且这个问题并不好解决。于是他们便采取应付不管的态度，说，地既然已经分过了，就没法再动了。

王尾巴见村干部这个态度，知道再磨下去也不会有个好结果，便掉转头跑到了乡里。乡里干部毕竟觉悟高些，知道农民失地的恶果，因此，他们比较重视，立刻派人跟着王尾巴一起，到袁楼村去转了一圈，调查一番。可是，当乡里的人来到袁楼村后，听听这个，听听那个，最后也犯了难。回去汇报后，竟也说不出个好办法，事情就这样不了了之。

王尾巴一见这样，几乎绝望了。此处不留爷，自有留爷处，一气之下，他卖掉了房产，回到了祖籍上蔡老家。可是因为年代久远，上蔡县早已没了王尾巴一家的户口，土地自然也分不到。但是，父老乡亲们还念着旧情，帮助他盖了3间瓦房，让他们一家暂时栖身。

生活的突然变故，对王尾巴一家是个重大打击，他的父母年事已高，在这种变故下，体弱多病加之气恨交加，老人承受不住，在4个月内相继去世；他的两个儿子只得远走他乡，外出打工去了。王尾巴咽不下这口气，便开始踏上漫漫上访路。乡里、县里、市里，在漫长的3年内，他到处奔走，但是却始终没有结果。为了上访，王尾巴花光了家中的所有积蓄，人变得十分苍老憔悴，眼看着就支撑不住了。无奈之下，王尾巴找到了《驻马店日报》群工部，想请求媒体帮助呼吁。群工部的记者听了他的叙述，心生同情，决心帮帮他。在经过深入调查了解之后，记者写出了《王尾巴哭天无泪，求告无门》的长篇报道，在报上发表。

这篇报道在当地产生了很大的社会反响。

有幸的是，这篇报道被杨正超看到了。

看完报道，杨正超放下报纸，心情异常沉重。他让同事们也看看报纸，然后对同事们说："我们的老百姓无家可归，我们怎能坐视不管啊！"

杨正超是个雷厉风行的人，说做就做。他立即安排下去，召集土地、城建、法院、公安等部门的负责人开会，协商解决的办法。会上，成立了联合调查组。第二天，联合调查组就进驻了袁楼村。

联合调查组由杨正超带队。他亲自到袁楼村做群众的思想工作。面对善良淳朴的农民，杨正超动情地说：“乡亲们！牙齿和舌头也有打架的时候，亲兄弟也有个磕磕碰碰的时候，王尾巴在咱们这儿生活了20多年了，即使有什么言差语错的方，也不至于让他们一家八口没地种、没饭吃吧！我们多想想王尾巴一家的好儿，还有什么解不开的疙瘩呢？”一席话，说得乡亲们直点头。是啊！人家杨书记与王尾巴素不相识，还来做我们的工作，我们与王尾巴共同生活了20多年，让他一家无家可归，想想，还真是于心不忍啊！

然而，土地对农民来说，那可是命根子，一寸一厘都牵扯到群众的切身利益。要想重新把土地从别人那里“挖”出来，分给王尾巴，困难确实很大。地的多少、位置、肥瘦等等，都得一碗水端平，否则就会闹出乱子来。要让袁楼村的农民心服口服，公平公正，这并不是一件容易的事。

工作一定要做实做细。

这期间，杨正超先后3次深入袁楼村，挨家挨户苦口婆心地做工作。为了王尾巴的地，他和村里的干部们先后调整了3个村民组近200人的承包土地，结果让大家都感到比较满意，这才算彻底为王尾巴解决了责任田和宅基地问题。

3年来，王尾巴拖家带口流落他乡，饱受寄人篱下的屈辱、失去亲人的痛苦和颠沛流离的辛酸……当王尾巴回到村里，看到杨正超和众人微笑的脸庞，这个老实巴交的汉子竟“扑通”一声，长跪在杨正超面前失声痛哭……

最终，王尾巴又重新分到了责任田，划了宅基地，盖了3间新房，一家人终于重返家园。

王尾巴的大儿子说：“在这3年里，俺没田种，没地儿住，一直寄居在岳父家，在人前都抬不起头啊！3年了，心里像压了一块大石头，没轻松过一天，就连睡觉也常常做噩梦。是杨书记结束了俺这不是人过的生活，是俺的大恩人啊！”

为感谢杨书记，他们全家给杨书记制作了一面锦旗：“为民作主，百姓青天！”

2001年3月17日，杨正超在《民情日记》中这样写道：唉，王尾巴的事终于解决了！他们终于结束了无家可归的生活。但他们全家感激万分的情景，让我高兴不起来。送我“为民作主，百姓青天”的锦旗让我感慨颇多：如果我们各级干部都是“青天”，那我们的百姓将少受多少委屈啊！

杨正超是清醒的。

是的，在社会发展的自然规律中，所谓“青天”早已是时代的遗弃品了，诚如著名作家张平所言：“一个政治清明的现代化中国，不是靠几个‘青天’造就的。这种青天情结对中国的现代化政治是有害的。”

然而，在现今阶段，我们需要这样的“青天”！我们需要更多这样的“青天”！“青天”们不惧邪恶，敢于斗争；“青天”们摒弃私欲，一心一意为他人；“青天”们以实际行动推进着我们的法制建设。这样的“青天”让人崇敬！这样的“青天”让人想起共产党的宗旨和本色！

即使哪一天我们完全走进了法治社会，我想，我们同样需要这样的“青天”！因为人类社会无论发展到哪一步，都需要这种“青天”般的关怀与温暖。

评论

群众就是衣食父母，是血脉相连的亲人！

——杨正超

检验党员干部是不是真正把人民群众当亲人，工作作风就是试金石。习近平总书记强调，工作作风上的问题绝对不是小事，如果不坚决纠正不良风气，任其发展下去，就会像一座无形的墙把我们党和人民群众隔开，我们党就会失去根基、失去血脉、失去力量。人民群众就是我们党员干部的衣食父母，不把人民群众的事情办好，就是不孝之子。党员干部站起来是把伞，要为百姓遮风挡雨；俯下身子是头牛，要为人民鞠躬尽瘁。

南阳内乡县衙有这样一副著名的楹联，上联是“得一官不荣，失一官不辱，勿说一官无用，地方全靠一官”，下联是“吃百姓之饭，穿百姓之衣，莫道百姓可欺，自己也是百姓”。

这副对联意思是，得到一任的官职，不能自视高贵荣耀，为国为民即使丢了乌纱帽，也算不得是什么耻辱事，不要说地方官没多大作用，要知道地方治理的好坏，百姓是否安居乐业，全靠地方父母官；为官者吃的穿的，全是老百姓供给的，老百姓是官员们的衣食父母，当官的不能依仗权势而欺压百姓，要记住自己也是百姓的一员。

这副对联语言朴实，感人肺腑，上联的核心是要正确对待自己，淡化“官本位”，以勤政为己任，造福一方；下联的核心是正确对待百姓，尊崇“民为贵”，以百姓为天，爱民如身。在封建社会，这种自觉与百姓一等，时时想着为百姓谋利益的民本思想，是非常难能可贵的。江泽民、朱镕基、李岚清、李长春、罗干等原党和国家领导人曾对这副对联作出高度评价，这副封建时期的对联在今天也有深刻的现实意义。

老毕和他的报亭

2009年3月30日，对周口市下岗自谋职业、在市区经营一个小报亭的毕银绳来说，是一个具有特殊意义的日子。这天，市委常委、纪委书记杨正超来到他的报亭，和他拉家常，鼓励他诚信经营，把报亭生意做红火。

原来，几天前，毕银绳遇到了难题：周口市有关部门认为他经营的报亭所在位置不合适，影响了市容卫生，在城市管理中，由于两个职能部门交叉问题没有解决好，在没有达成一致意见的情况下，强行将他的报亭拉走了。这个报亭是毕银绳在下岗后经多方资助才得以开办的，靠着这个报亭和老伴儿维持生计。可是这个报亭不让做了，毕银绳一家人的生活陷入了困境。

万般无奈，毕银绳硬着头皮拨通了纪委书记杨正超的电话：自己的报亭被强制拉走了，20多天来东奔西走解决不了问题，已经生活不下去了。

杨正超当时正在开会，就在电话中好生安慰了他几句，并表示调查清楚后一定给他一个说法。

会议刚结束，杨正超就安排市纪委的一位同志去调查了解情况，他说：看看到底是什么原因，下岗工人东拼西凑办了一个小报亭很不容易，绝不能因为部门利益就断了人家的生计。

情况很快反馈出来了。打电话的毕银绳多年来自谋职业打零工，他的妻子是一名下岗工人，后来在多方资助下开办了一个报亭，两个人都是老实巴交的市民，就靠着报亭收入和老毕的零工度日，生活还算过得去。可是后来由于两个部门利益之争，城管部门竟然把毕某的报亭强制拉走了，靠报亭生活的老毕一家生活顿时没有了着落。

杨正超听了调查情况之后，非常气愤："城市发展，民生是根本。报亭位置放得不对可以挪挪嘛？再找一个地方不就行了吗？绝不能因为各种借口而影响群众生计，更不能因为部门利益让群众埋单！"他对有关部门负责同志进行了严厉批评，要求他们立即妥善处理此事，拿出合理的解决办法，切实维护群众的实际利益。

看到老毕的报亭重新开业，杨正超的脸上露出了笑容

有关部门虚心接受杨正超的批评，迅速行动，及时归还了老毕的报亭。就这样，停业半个多月的小报亭又恢复了营业，那天，放心不下老毕生活的杨正超，特意去看了看他的小报亭，他们夫妇握住杨正超的手不住地说："真没想到这么一件小事，杨书记您还亲自来看俺，太感谢了！"

杨正超感慨万千，老百姓称我们是父母官，那是对我们的尊敬，人民群众才真正是我们的衣食父母啊！我们一定要带着感情，真正为老百姓解决问题。

看着他们激动的面容，杨正超对随行的同志说：如果我们所有的部门都多一些群众意识，真正把以人为本落实在行动上，还会有这样的事情发生吗？

话短意长，振聋发聩，字字句句都敲打在每一位干部的心坎上，拷问着作为党员干部的原则和良知。

评论

每逢遇到群众有困难，我总不忍心袖手旁观。

——杨正超

杨正超曾说："党的干部要摆正同广大人民群众的关系，增强公仆意识，时刻把广大人民群众的安危冷暖放在心上，真正把人民群众呼声当作第一信号，把人民群众需要当作第一选择，把人民群众利益当作第一考虑，把人民群众满意当作第一标准。"

我们整天说为人民服务，领导干部是人民的勤务员，具体体现在哪里呢？每一个党员干部都有相应的岗位和职责，关键是在其位谋其政，这是最基本、最起码的要求。我们心系群众，就要做到群众的利益高于一切，群众的疾苦急于一切，群众的呼声先于一切，扎扎实实地帮助群众解决实际困难。群众有难不袖手，凡是涉及群众切身利益的事情，再小也是大事，再难也要全力去办、马上去办。因为包括纪检监察干部在内的党员干部的工资都是纳税人的钱，没有人民群众的纳税，也就没有财政收入，党员干部的工资也无法落实，没有老百姓，干部也成了无本之木。所以说党员干部不是人民群众的父母官，老百姓才是党员干部的衣食父母，帮群众排忧解难是党员干部的职责和分内事。

群众的事再小也是大事，一些党员干部只是喊在口号上，对此，杨正超却有清醒的认识，这是非常可贵的。正是因为有这种认识，他才多次过问并解决许多诸如交通肇事、工资待遇、法院执行、民事纠纷、群众吃水、学校校舍、农村道路等群众反映强烈的问题，这些在其他干部看来本不该他管的事，他却直接过问，一管到底，因为这些事直接关系到群众的生产生活甚至生命财产，对群众来说就是天大的事。

两次探病记

在杨正超的工作经历中，有两次难忘的探病经历。

第一次是在驻马店市汝南县。

2001年12月，杨正超任驻马店市汝南县委常委、纪委书记时，接到汝南县人民医院一位职工的来信。

信中说，她母亲的一位女同学朱小莉当了一辈子教师，因早年离异，无儿无女，晚年与母亲相依为命。近年来，因为身体有病。卧床不起，80多岁的老母还得拖着老迈的身体照顾她。最可怜的是，为党的教育事业辛勤工作30多年，竟然没有一间自己的房子，一直住在母亲的两间破草房内，而草房也于去年倒塌了。无奈之下，朱小莉只好与母亲寄住在同村别人家的空房子里，那家因为怕她死在自家房子里晦气，还经常驱赶她。辛辛苦苦教书育人30多年，老来竟无容身之所，落得个如此凄凉之地！

那位医院职工说，听说他能为老百姓办事，特代她求杨书记帮忙过问一下。

看了信，杨正超心里很酸，立即赶到王岗镇找到朱小莉，实际情况比信中所说的还要令人惨不忍睹：一床破棉被，两位垂暮人。这位老教师卧床不起，老母亲见生人来，惊慌失措，以为是又要赶她们走。

杨正超一看眼前凄惨的景象，就像自己的父母受了委屈和磨难一样，鼻子一酸，两行热泪禁不住流了下来！

朱小莉患的是肺心病，本该住院治疗，因为没有钱，一直在家熬着，手里的1000多元医药费也报不了。因为没有房子，只去找镇里说过一次，见没有解决也就再没提过。

杨正超当场掏出500元钱让她去医院治疗，并表态帮她解决问题。

镇里知道后，教办、村委给她盖了两间房子，让她们母女有一个栖身之地，改善她们的生活条件。

后来，杨正超又去看她，朱小莉感激地说："杨书记，我这快死的人了，组织上能来看我，我就心满意足了，还拿钱，还盖房子，真是不好意思给领导添麻烦！"

杨正超后来说，多好的老百姓啊！应该感到不好意思的是我们当干部的，哪里是她啊！朴实的老百姓对党就像父母对子女，总是不忍心给孩子们添麻烦，能自己扛着就自己扛着，而我们，应该做的还很多很多……

第二次探病发生在杨正超刚调任周口市委常委、纪委书记后。

2008年11月15日上午。扶沟县柴岗乡汲下村来了一位风尘仆仆的"客人"。"客人"一进村就找该村原妇联主任尹妮的家，探望这位卧病在床的老人。这位"客人"正是市委常委、纪委书记杨正超。

11月10日，杨正超像往常一样上网查看信息，在浏览龙都论坛时，看到一位网友发给他的求助帖。发帖人名叫尹妮，是扶沟县柴岗乡汲下村人，曾担任汲下行政村妇联主任。尹妮1958年参加工作，是个老党员，现身患食道癌。其家人为给她看病花光了家里的积蓄，并且借了很多钱。现在由于医疗费不足，她只好暂停治疗。几年前，因为多种因素，致使该村村组干部的工资无钱发放，一直在拖欠。村委共拖欠尹妮工资11037元，前期已补发6000元，剩余的工资一直未发。无奈之下，老人让孙女代其上网向杨正超书记发出了求助帖。

这个求助帖立即引起了杨正超的高度重视。他当即批示："如属实，请抓紧解决。毕竟是为党工作几十年的老党员，作为上一级党组织应该、也必须解决。"并要求相关人员高度关注尹妮的病情。接到杨正超的批示后，扶沟县有关部门立即组织查清实际情况，当即通知柴岗乡党委尽快解决。柴岗乡党委负责人得知情况后，立即代表乡党委表态解决，并向尹妮及其家人表示道歉。

11 月 11 日上午，尹妮在医院收到了 5037 元被拖欠多年的工资。正在输液的她断断续续地说："感谢杨书记，要不是他，真不知道这件事拖到什么时候才能够解决。"

11 月 15 日，趁着双休日，杨正超特意驱车前来探望老人的病情，于是有了开头的一幕。得知下周尹妮就可以去郑州看病，杨正超非常

把温暖送到困难群众心坎上

高兴，他拿出1000元钱递给老人，并嘱咐她好好养病。老人的眼里盈满了泪水……

评论

要时刻把群众的冷暖放在心上，想人民群众之所想，急人民群众之所急，办人民群众之所需。

——杨正超

群众利益大如天。这句话说说很简单，但要做到却是很难。两千多年的封建传统，一直都是君为大、官为大，电视剧和戏剧中封建官员都是“大人”，老百姓只能是“草民”。我们党带领群众翻身闹革命，夺取政权后，又领导人民群众搞社会主义建设，但无论何时何地，都不能忘记全心全意为人民服务这一根本宗旨。要视人民群众为父母亲人，为兄弟姐妹，要像焦裕禄同志那样带着感情去工作，走村串户，访贫问苦，去为群众办实事，去为他们谋福利。杨正超曾深情地说，老百姓称我们是父母官，那是对我们的尊敬，人民群众才是我们的衣食父母啊！我们一定要带着感情，真正为老百姓解决问题。但一些党员干部随着官位的升高，渐渐开始脱离群众，吃喝玩乐，颐指气使，不管群众冷暖疾苦，只管自己乘豪华座驾，住洋房别墅，吃山珍海味，游名山大川，甚至贪污受贿、卖官鬻爵、出境豪赌、涉黑护黑、包养情人，最后偷逃境外，完全背离了党的宗旨，成为党和人民唾弃的对象。对一名真正的共产党员来说，群众冷暖疾苦会始终挂在他的心头，他会以群众的需要为第一需要，以为人民群众谋福利为第一追求，与人民群众同甘共苦，荣辱与共，同呼吸共命运，保持密切的鱼水关系。

民生民情放心上

2011 年 11 月 30 日，隆冬时节，天寒地冻，滴水成冰。

天刚蒙蒙亮，太康县朱东村起早外出办事的村民，意外地看到几个陌生人的身影，他们带着东西进了丁明勤的家，不禁疑惑：是谁家走亲戚来这么早？

原来，这是市委常委、纪委书记杨正超专程来看望他的“穷亲戚”丁明勤一家的。

前一天晚上，杨正超在周口电视台一档节目中看到关于丁明勤一家的情况介绍。67 岁的丁明勤与 63 岁的老伴张凤真的两个女儿 3 年前相继去世。一年前，张凤真因患急性脑出血，至今偏瘫在床。老两口仅有一亩地耕种，无其他经济来源，为治病还花了不少钱，他们只能在邻居的接济下艰难度日。

看完节目，杨正超内心久久不能平静。他决定第二天一大早就前去看望，并到商场买了送给老人的棉衣和棉被。

朱东村地处偏远，村里只有土路。杨正超深一脚浅一脚地走进丁明勤家。他立即被眼前的情景惊呆了：在用碎砖头建起的房子里，散乱地堆放着一些破烂杂物，连下脚的地方都找不到。他刚站直身子，头就碰到了什么东西，灰尘立即撒到了脸上。丁明勤老伴张凤真侧卧在黑乎乎的被子里，阵阵寒风通过没有玻璃的木格窗吹了进来，屋里和屋外竟是一样冷飕飕的。

“让您受苦了，是我们的工作没有做好啊！”杨正超止不住流下了眼泪。他掏出身上所有的钱放到张凤真老人手中，安慰她要坚强，要相信党和政府会帮他们渡过难关，并将带来的衣服和被子为老人穿好、盖上……走出屋门，看到匆匆赶来的驻村干部，杨正超语重心长地说：“一定要沉下身子，去发现、关注这些困难群众，及时通过农村低保、危房改造、新农合等政策帮助他们。”

这只是杨正超关心、帮助群众事例中的普通一例。

2011 年 11 月，他在报纸上看到鹿邑县 5 户菜农种的 46 亩茄子没有销路，非常着急，立即协调有关部门想办法解决问题。一些超市、学校、企业积极响应，菜农的 3 万多公斤茄子全部销售一空。

2011 年 12 月，当他了解到商水县一位 80 多岁老人三番五次到乡派出所，要求补办自己被漏报的户口未果时，便专门到老人家中看望，并批示县纪委严肃查处。

……

一桩桩为民好事得到落实，一件件群众难事得到解决，杨正超和广大群众的心贴得更近，人民群众和党的距离走得更近。

杨正超在查办贪污腐败、大案要案时刚正不阿、铁面无私，但对涉案人员家属，杨正超却并不是冷酷无情，而是一样怀有恻隐之心，本着人道主义精神关怀入微。涉案人员袁某的家人每想起杨正超，心中就升起一缕温情。

事情要从杨正超收到袁某父母的来信说起。2009 年 6 月下旬，两位年近八旬的老人含泪致信杨正超，希望杨书记看在他们年迈多病，家中还有两个年幼的孙子孙女无人照顾的情况下，从轻处理涉案的儿子袁某和儿媳。

群众的需求最重要，犯案的不是老人和孩子，他们不能没人照顾。杨正超考虑再三，作出“安排看望两位老人，并向其通报情况，取得理解。在依法依纪的原则下从轻处理”的决定。

杨正超这一人性化的举措，让涉案者的家人无比感动。不仅老人感激涕零，连袁某远在加拿大的姐姐也专门写来感谢信：“杨书记，感谢您和您领导的下属官员们廉洁清正，实事求是，可信可敬，并充满人情味的工作作风。我们全家万分感激您及您的下属的公正处理方式，不仅仅为国家挽回了损失，也对弟弟和弟媳的世界观、价值观进行了脱胎换骨的改造和教育。感谢您派人看望我父母，我们全家都非常感激。调查组的人员到家里通报案情时彬彬有礼，不仅照顾到老人的情绪，还考虑到保护孩子幼小的心灵，工作之细，是我们想象不到的。这也是你们做工作人性化的体现，我们全家对您和您领导下的官员和工作人员都无比敬仰。”

她还感激地写道：“杨书记在周口的反腐工作能够如此辉煌，查处贪官，百姓拍手称快，完全是因为您和您领导的队伍清正廉洁，人品高尚，

杨正超到困难群众病床前关切地询问疾苦冷暖

工作方法得当。您不愧为一个名副其实的可亲可信可敬的为国家为人民作出卓越贡献的好人好官。”

评论

我们不论当多大的官，都是人民的公仆、勤务员，都应该有“心在人民，原无论大事小事；利归天下，何必争多得少得”的情怀。

——杨正超

我们党的宗旨是全心全意为人民服务，党员干部都是人民的公仆，为人民服务是党员干部的天职。党员干部必须清楚自己掌握的权力是怎么来的，来自哪里，明白权力的本源是什么。虽然职务的升迁有机遇和上级的因素，但归根结底，一切权力来源于人民。民是水，官是鱼，没有水就没有鱼，没有民就没有官。脱离了人民群众，官就失去了权力的根基。不从根本上弄明白这个道理，最终要出问题。现在很多干部出问题的根源就在于工作中少了宗旨意识和党纪意识，以为自己很伟大，自由散漫，自行其是，干工作不是靠政策、法律、法规去推动，而是靠饭局、关系、后门、红包、享乐去摆平；行政过程中不是主动提供自觉而有效的服务，而是设置门槛和障碍让办事的群众“服务”于他；生活中不能做到慎微、慎独，而是热衷于灯红酒绿、觥筹交错。这些都严重背离了执政为民的宗旨，严重削弱了党组织的战斗力，严重影响了党的光辉形象，为党纪国法所不容，最终影响党的执政根基。

诚然，领导干部手中都有一定的权力，而权力具有两面性，是把“双刃剑”，正确运用权力，掌权为公，执政为民，就能使权力造福人民；滥用权力，掌权为己，以权谋私，就会使权力祸及人民。因此，领导干部要正确对待手中的权力，树立正确的权力观，把权力用在为群众排忧解难上；应当尽职尽责地运用手中权力，为群众造福谋利，切不可背离为人民服务的宗旨，争位争权，以权谋私。

后记

HOUJI

作为一名语文教师，工作中我常陷入一种困惑：当教育学生要刻苦学习、报效祖国、乐于助人、大公无私时，学生一脸木然；当号召学生学习雷锋、时传祥、王进喜、焦裕禄等英模人物的先进事迹时，学生满脸迷茫；当要求学生走上工作岗位后秉公办事、清正廉洁、勤政为民、鞠躬尽瘁时，学生一阵窃笑……为此，我常常感到焦虑，甚至夜不能寐。

诚然，在市场经济大潮的冲击下，由于道德滑坡、风气不正，社会上出现了一些自私自利、贪污受贿、卖官鬻爵、腐化堕落的反面事例，学生对我的教育产生怀疑也不无道理，这也是社会转型时期和我们前进道路上必然出现的阵痛和障碍。但在这个改革创新、朝气蓬勃、波澜壮阔、一日千里的新时代，各行各业涌现出的先进典型、英模榜样也同样层出不穷，灿若星空，社会上更不缺以孔繁森、牛玉儒、任长霞、郑培民、王瑛等为代表的优秀党员干部的榜样。但当我把他们的事迹讲给学生听的时候，学生往往觉得很遥远。

1999年5月，杨正超同志任汝南县纪委书记，走上纪检监察工作岗位。2008年9月，他调任周口市委常委、纪委书记。到周口工作后，他想群众之所想，急群众之所急，反腐倡廉，匡扶正义，心系百姓冷暖安危，整饬干部党纪政纪，营造一方净土，守护和谐家园，被广大人民群众称为“党的忠诚卫士、百姓的贴心人”。在此之前，我曾在电视和报刊上了解到杨正超的先进事迹，内心对他充满了敬佩，但没有更深的体会。而今，随着他调到周口工作，他反腐倡廉、爱民如子、伸张正义、惩恶扬善的实事、好事一件件、一桩桩地传遍了周口大地，随着群众口口相传，让人耳熟能详。我的内心充盈着感动和激动，为有杨正超这样的好纪委书记而感到骄傲。

为更深入了解杨正超同志忠诚卫党、亲民爱民的感人事迹，我有了整理杨正超先进事迹的想法，以弘扬正气、宣传典型，展现一位共产党员的高风亮节和公仆情怀。撰写过程中，我参阅了大量资料，进行了多方走访，随着写作的深入，杨正超可亲、可敬、亲民、爱民的形象越来越清晰。我觉得杨正超同志本身就是一部反腐倡廉的生动教材，他用自己的实际行动，捍卫了党风党纪，维护了群众利益，惩治了贪污腐败，纯洁了党员队伍。希望这本书对读者更深入了解、学习杨正超的先进事迹有些帮助，相信对每一位党员干部来说，也都是一次精神的升华、灵魂的洗礼。

本书撰写过程中，得到了周口市纪委、郸城县纪委的大力支持，也参阅、引用了相关资料和报道，选用了一些图片（本书图片除署名外均由郭峰提供），在此谨一并表示诚挚的感谢!

由于水平有限，时间仓促，难免有疏漏、不足之处，恳请读者批评指正。

2013年7月